武昌历史文化丛书编委会／编

武昌历史文化丛书

昙华林编年史

Tanhualin Biannianshi

严昌洪　张继才　何　广　编著

武汉出版社
Wuhan Publishing House

（鄂）新登字 08 号

图书在版编目(CIP)数据

昙华林编年史 / 严昌洪，张继才，何广编著. — 武汉：武汉出版社，2020. 9
（武昌历史文化丛书）
ISBN 978 - 7 - 5582 - 3855 - 0

Ⅰ. ①昙… Ⅱ. ①严…②张…③何… Ⅲ. ①古建筑 - 编年史 - 武昌区 Ⅳ. ①K928.716.33

中国版本图书馆 CIP 数据核字(2020)第 155334 号

编　　著：严昌洪　张继才　何　广
出 品 人：朱向梅
策划编辑：胡　新
责任编辑：胡　新
封面设计：马　波
出　　版：武汉出版社
社　　址：武汉市江岸区兴业路 136 号　　邮　　编：430014
电　　话：(027)85606403　85600625
http://www.whcbs.com　　E-mail：zbs@whcbs.com
印　　刷：湖北新华印务有限公司　　经　　销：新华书店
开　　本：787 mm×1092 mm　1/16
印　　张：22　　字　　数：280 千字
版　　次：2020 年 9 月第 1 版　　2020 年 9 月第 1 次印刷
定　　价：45.00 元

序　一
Preface

“求木之长者，必固其根本；欲流之远者，必浚其源泉。”一个城市的生命和灵魂，来自深厚的历史底蕴与坚实的文化内核；一个城市的品位和底气，离不开强大的文化自信与不竭的创新动力。挖掘历史资源、激活文化基因，事关精神命脉的传承，事关城市的永续发展。

有着近一千八百年建城史的武昌，历史悠久，文脉绵长。在这里，一座古城，风韵悠然，阔步前行，穿越千年沧桑；一处名楼，文人墨客，咸集诗赋，各领绝代风骚；一件大事，辛亥首义，敢为人先，改变中国历史；无数英豪，指点江山，前仆后继，浴血谱写辉煌。因为有了历史和文化的充分滋养，武昌始终生机勃勃、活力无限，为荆楚文化在中华文明总谱系中留下独特的基因和符号提供了丰富的给养。这片有着绚烂历史和强烈魅力的土地，一直等待着我们去发现、去感受、去领略、去彰显。

正因如此，我们有优势、有情怀，更有责任、有义务弘扬武昌的优秀历史文化，把武昌故事讲好，把武昌自信提升好，把武昌力量凝聚好。与其他展示武昌历史文化的论著不同，这套丛书全面系统梳理了多年散落在民间、口口相传的武昌老故事，通过精心的考证，深入挖掘其中蕴含的思想观念、人文精神和道德规范，并适应时代发展进行继承和创新，凸显出武昌发展的个性和魅力——从这个层面上讲，这套丛书的意义已经远远超出了文史资料的价值，它是武昌文脉的复现，为活化武昌文化遗产、树立武昌城市精神、提振市民精气神将作出独有的贡献。

丛书立足武昌历史根脉，突出武昌文化核心元素，在时间上自公元223年孙权建筑夏口城起至20世纪60年代，在空间上以武昌区现在的行政区划为主，分为“综合”“武昌人物”“武昌风物”“武昌景物”“武昌文物”和插画版“武昌指南”六个系列，将为武昌发展作出重大贡献的历史人物、影响历史进程的重大事件与武昌地域特色文化相结合，用群众喜闻乐见的语言讲历史故事、叙文化传统、说武昌古今。本书内容上具备理论高度、学术价值和思想深度，形式上明白晓畅，通俗易懂，能够激起读者情感共鸣，兼具历史性、时代性、知识性、可读性与权威性，可谓宣传推介武昌的集大成之作。

今天，武昌的经济体量已进入“千亿级”时代，站在新的起点，文化软实力正是提升我们综合竞争力和可持续发展能力的关键因素。习近平总书记说，“文化自信是一个国家、一个民族发展中更基本、更深沉、更持久的力量”，在建设创新型城区和国家中心城市核心区的征程上，我们更要“以古人之规矩，开自己之生面”，更要坚守中华文化立场，传承中华文化基因，展现中华审美风范。愿我们携起手来，共同努力，让传统文化与现实文化相融相通，让个体情感与集体情感同频共振，为新时代武昌的改革创新发展注入每一个人的家国情怀！

为策划、编纂和出版这套丛书，一大批专家学者以及许多市区老领导、政协委员都倾注了深厚的感情，为丛书的诞生奠定了坚实的基础，在此，由衷感谢他们为发展、延续武昌历史文化付出的巨大心血！

刘　洁

2018年12月

序　二
Preface

酝酿已久的《武昌历史文化丛书》终于要正式出版了，作为一个历史工作者和这套丛书的专家委员会主任，我感到由衷的高兴，十分乐意借写序的机会，同大家分享一下我的几点感想。

第一，为什么要出版《武昌历史文化丛书》？

武汉三镇之中，当属武昌的历史最为悠久，早在春秋战国时期，楚国就在这一地区设有封君夏侯。三国时期，孙权将东吴政治中心迁鄂（今鄂州市），寓“以武而昌”之意，改鄂名为“武昌”，这是武昌之名的由来。公元 223 年，孙权在江夏山（蛇山）筑夏口城，从而开启了武昌古城的历史，至今已近一千八百年。从元代设湖广行省起至清末，武昌一直是省级大区域行政中心。北伐战争后，改武昌县为武昌市。1927 年，武汉三镇在行政区划上正式统一为一市。1949 年武昌解放后，成为中共湖北省委、省人民政府所在地，在 1952 年调整区划后，正式成立武昌区人民政府。

千百年来，武昌因其独特的地理区位，始终处于社会变革的最前沿，承载着中华民族波澜壮阔的历史变迁，书写着气势磅礴的历史画卷。武昌人文底蕴深厚。屈子行吟，崔颢题诗，李白唱和……近代以来，张之洞督鄂，兴实业，办教育，练新军，新旧学堂并起，东西文化交融，风气大开，武昌由此奠定了全省文化中心的地位，诚如张之洞题黄鹤楼楹联中云：“昔贤整顿乾坤，缔造先从江汉起；今日交通文轨，登临不觉亚欧遥。”武昌自然风光秀丽。东湖、沙湖、紫阳湖等，妩媚多娇；洪山、蛇山、珞珈山等，玲珑别致；黄鹤楼、宝通寺、长春观等，景色优美。山灵水秀，人文荟萃，让武昌成为最适宜居住的城区。

武昌历史悠久、文化厚重、科教区位优势明显，是武汉的城市文化名片，而《武昌历史文化丛书》正是一套向世人充分展示武昌这座历史文化名城的独特魅力和风采的作品。

第二，如何编好《武昌历史文化丛书》？

武昌是武汉文脉沉淀之地，积累了丰厚的文化资源，如黄鹤楼文化、辛亥首义文化、名人文化等，此前也有若干零星介绍武昌历史文化的图书，而这套丛书则是第一次全面系统梳理千年古城的历史文化、系统挖掘武昌历史文化资源的重要工程。

本丛书在整体设计上分为六个系列，形式新颖，内容全面，体系完整，时间上从公元223年至1960年代；空间上以现有武昌区行政区划为主，必要时以历史上的大武昌概念为界定，将为武昌发展作出重大贡献的历史人物、影响历史进程的重大事件与武昌地域特色文化相结合，激活武昌文化基因，展现真实、立体、全面的武昌，集中呈现武昌深厚的文化底蕴。

在作者的选择上，着重选择了对武昌历史文化素有研究的专家学者；在内容上，利用新史料，体现研究新成果，集历史性、权威性、知识性、可读性于一体；在形式上，采取图文并茂的形式。

第三，编撰《武昌历史文化丛书》的意义何在？

习近平总书记在党的十九大报告中指出：“文化兴国运兴，文化强民族强。没有高度的文化自信，没有文化的繁荣兴盛，就没有中华民族伟大复兴。”只有对自身文化有高度的自信，才可能带来武昌的繁荣兴盛。在新时代下，启动这套丛书的编撰，既体现了武昌区委、区政府的远见，也可谓正逢其时。

该丛书既是在新时代第一次全面、系统挖掘武昌历史文化资源的重要文化工程，也是响应市委、市政府建设“历史之城、当代之城、未来之城”号召的实践成果，更是加快建设现代化、国际化、生态化大武汉，全面复兴大武汉的具体举措，功在当代，利在千秋。

本丛书立足武昌，深入挖掘其中所蕴含的思想观念、人文精神、道德规范，并结合时代要求继承创新，突出展示武昌最具特色的核心文化元素，集中挖掘城区的文化根脉，讲好武昌故事，传承历史文化记忆，对于传承武昌区优秀的历史文化、提升居民文化自信、推进城区文化建设具有重大的现实意义，必然成为武汉市打造国家中心城市和世界亮点城市规划中绚丽的一环。

关于学习历史的意义，习近平总书记在中央党校建校 80 周年庆祝大会暨 2013 年春季学期开学典礼上讲道：“学史可以看成败、鉴得失、知兴替。”从武昌悠久、丰厚的历史文脉当中，我们也一定可以看清她的成败、得失、兴替，从而以更加清醒的头脑和更为厚重的历史感，借改革开放四十年的东风，更好地了解武昌、建设武昌、发展武昌。

是为序。

马　敏

2018年12月于武昌桂子山

/前　言/ Foreword

昙华林历史文化街区位于武昌老城东北角，为胭脂山、凤凰山、螃蟹岬和古城墙所环抱。地势起伏，环境优美，历史悠久，人文荟萃。它是武昌古城之根，也是武汉历史的缩影。

当年，昙华林里“雾市绝尘，烟岚枕郭”，风景秀丽。花园山上，“霭园丛秀”曾是鄂城八景之一。武胜门正街，商业繁盛不亚于汉正街。明代王府、贡院，清代衙署、卫所，以及佛寺、道观，代有更迭，积淀着厚重的传统文化底蕴。近代“洋屋”星罗棋布，教堂、学校、医院，如雨后春笋，带着异国情调，向人们传递着西方文明的信息。江夏民居、西式建筑、名人公馆、普通宅院，五方杂处，风格各异，堪称中西建筑博物馆。林则徐修建丰备仓，储谷赈灾；张之洞创办新式学校，育士储才。吴禄贞撒播反清火种；刘静庵集结首义力量。陈独秀演说革命；董必武组建党团。贺龙整训队伍；郭沫若宣传抗战……这里的一举一动，都会在全国掀起风暴；这里的一山一石，都铭记着历史名人的丰功伟业。

这就是普通的昙华林，也是神奇的昙华林。弹丸之地，承载着武昌千年古城的厚重历史。沧桑之变，折射出武汉历史文化名城的时代变迁。它是传统文化传承的沃土、中西文化并生的花园，也是引领时代潮流的前沿、历史名人成长的息壤。

昙华林，江城武汉一朵永不凋谢的奇葩！

本书按照时间节点、年代先后顺序，讲述昙华林历史上发生的故事，俾读者了解昙华林的前世今生。

昙华林得名于清中叶“昙花林”寺庙，有昙花林寺庙之前该地区的历史我们称之为“昙华林的前世”，有昙花林寺庙之后该地区的历史我们称之为“昙华林的今生”，其中1949年前是昙华林今生的前半生，是我们关注的重点，1949年后是昙华林今生的后半生，读者多已熟知，本书从略。

为帮助读者进一步了解昙华林地名是从昙花林寺庙演变而来的历史，特附录三篇文章：《重游昙花林小记》（清·刘溱）、《昙花林》（郭沫若）、《“昙华林”考》（严昌洪）。

目　录 / Contents

三国·吴黄龙元年（229）

“凤凰山”得名

三国孙吴政权控制江夏（今武昌）时期，是今县华林地区最早的一个时间节点，而“凤凰山”则是本地区最早有文字记载的一个地名。

凤凰山位于今武昌城西北角，并不高峻，海拔高度不足50米。然而，山不在高，有“凤”则灵。在武昌古城历史上，凤凰山之所以颇有

今日凤凰山北坡

名气，是因为传说有神鸟来此。据清同治八年(1869)《江夏县志》记载："凤凰山在县城北，吴黄龙元年，凤凰来集，故名。"古人心目中的"凤凰"是一种神鸟，寓意吉祥。凤凰此时来集，事出有因。孙权从公安迁鄂(今鄂州)，改鄂州名武昌。黄武元年(222)，孙权被曹魏封为吴王，部属多次劝其"正尊号"(称帝)，他都不许。黄武八年(229)四月，有人制造了夏口(今武昌)、武昌(今鄂州)有黄龙、凤凰出现的传言，为孙权称帝制造舆论。得此吉兆，孙权不再推辞，欣然即皇帝位，是为吴大帝，并宣布大赦，改年号为"黄龙"。其实，这是一种附会，按宋人祝穆撰《方舆胜览》所记："在江夏县北二里，其形如凤，故名。"就是说，因为山的形状像凤，所以称之为凤凰山。唐代诗人岑参《送费子归武昌》有句"路指凤凰山北云，衣沾鹦鹉洲边雨"，即此。

凤凰山作为武昌古城的门户，历来有"欲制武昌，先制蛇山，欲制蛇山，先制凤凰山"之说。这里曾经很有人气，贡院、县学宫、县署、都察院署，皆在其阳。

吴建衡三年（271）前

凤凰山下孟宗哭竹生笋

人们熟知的《二十四孝图》中有一幅《孟宗哭竹图》。关于孟宗的故事有多个版本。可以确定的是，孟宗是真实的历史人物，而“哭竹生笋”则是后人的一种传说。

孟宗，一名孟仁，字恭武，三国时江夏郡鄳县（治所在今河南省信阳市东北）人，侨居沙羡（音沙夷，治所在今江夏金口），官至吴国司空，建衡三年（271）卒。

相传孟宗故宅遗址在孟城白鹤山（武昌大东门外）下灵竹院，一说在清代武昌左卫附近（今武昌胭脂巷一带）。孟母墓在县北凤凰山麓，孟宗墓附于其旁。孟宗幼时读书夙夜不懈，其师称赞他是“宰相之材”。孟宗初为小吏，不得志，又逢夜雨屋漏，他起床哭泣，请求母亲原谅。其母劝导说：“但当勉之，何足泣也。”后来孟宗做了官，每得时令食品，总是先寄给母亲尝鲜。在任职望江雷池（在安徽）监池司马（监鱼官）时，孟宗利用公余时间自己结网捕鱼，然后做成鱼干寄给母亲。其母将鱼干退回，并说：你当鱼官而寄鱼干给我，非避嫌也。此后，其母不再吃鱼。后来，上面让孟宗当管粮的官，他坚辞不干，说：我当了三年鱼官，母亲三年不吃鱼；如果我当了粮官，母亲不吃粮怎么办？母亲病故，孟宗得到噩耗，不顾朝廷禁令，弃官奔丧，然后自拘于武昌，听候

孟宗哭竹图

法办。当道体谅他为母尽孝，特为减死罪一等，后来还让他继续做官。

可能正因为他的这种孝行感动了世人，后世便编造了“哭竹生笋”的传说。《楚国先贤传》记载：一年冬天，孟母病重，思食竹笋。但天寒地冻，无从得笋，孟宗入竹林哀泣，不一会儿，地上长出几支竹笋，孟宗拿来做羹给母亲吃了，母亲的病就痊愈了。于是，武昌历史上便有了灵竹院、哭竹亭、孝感祠、孟宗庙、南竹巷等遗迹，以纪念孝敬母亲的孟宗。

唐宝历元年—大和四年（825—830）

牛僧孺扩城

武昌有城，是从东吴黄武二年（223）开始的。那一年，吴主孙权在江夏山（今蛇山）东北筑夏口城，“依山傍江，开势明远，凭墉藉阻，高观枕流”，实为一座形势险要的军事堡垒，周围仅二三里，为版筑土石城。此城宋时仍存。

汉代有沙羡县，治所涂口（今江夏区金口）。吴赤乌二年（239），孙权筑金口堡守沙羡县，故又称为沙羡城。至晋武帝以后，沙羡县治始移夏口城（今武昌区）。

南朝时宋孝武帝于孝建元年（454）设置郢州，治所在夏口，故武昌在那时又称郢城。

梁武帝时，守将曹景宗在紫金山与小龟山北筑石城为军事堡垒，北临沙湖、余家湖，南距郢城约二里。

隋文帝于开皇九年（589）废江夏郡，置鄂州，改汝南县（原治在金口）为江夏县，州、县治所均设城内，故武昌又有鄂州、江夏县之称。南宋王象之辑《舆地纪胜》上说：“鄂渚在江夏西黄鹄矶上三百步。……隋平陈，立州，以鄂渚为名。”唐武昌节度使牛僧孺驻鄂州，改筑鄂州城垣，向北、南、东扩展，南至紫阳湖，西至蛇山西端，东至曹公城，北临沙湖，城郭约十五里。不仅城的范围扩大了，而且以陶甓（烧制的

牛僧孺画像

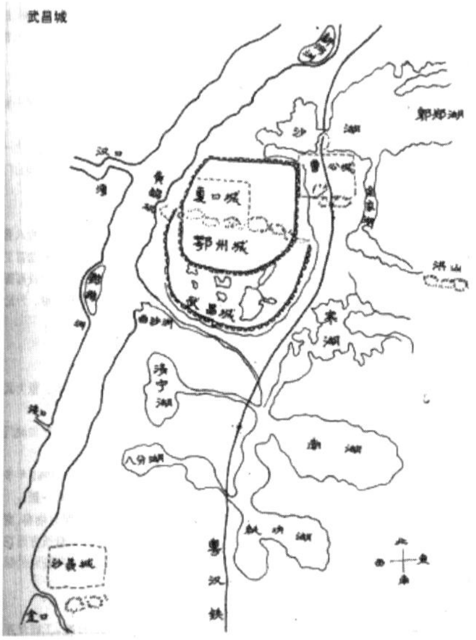

武昌城变迁示意图

砖）为城，武昌有砖城自此始。其城墙坐标，一直都没有脱离蛇山。昙华林地区此时已被包入城内了。

北宋皇祐三年（1051），知州李尧俞重为增修。城周二十四里，高两丈一尺，有三座城门，东称清远门，南称望泽门，西称平湖门。元代因之。

牛僧孺（780—848），字思黯，唐代安定鹑觚（今甘肃灵台）人。贞元二十一年（805）进士。元和三年（808）以贤良方正对策，直言批评时政，为宰相李吉甫所排斥，不加升迁。后与李吉甫之子翰林学士李德裕抗争多年，史称“牛李党争”。宝历元年（825），以检校礼部尚书、同中书门下平章事、鄂州刺史、武昌军节度使、鄂岳蕲黄观察等使坐镇鄂州，凡五年。他采取若干措施减轻百姓负担。当时的郢城系土城，由于土性不黏，难砌城墙，每年加筑时，都要征收青茅草袋，装土加层。

地方官吏借此横征暴敛，侵吞修城资财，年复一年，劳民伤财，百姓叫苦不迭。牛僧孺到任后，计算出草袋、修筑费用每年十余万贯后，便改征土砖，用以抵偿应征的草袋、修筑费。城墙全部筑得如同井壁，官员侵吞征收资财的弊害也从此根除。他还裁撤冗员，奏请撤销鄂州对岸的沔州（治所在今武汉市汉阳区），将其所管汉阳、汉川两县划归鄂州管辖，使长江、汉水交汇处南北形成州级统一行政区划。这是历史上将大江南北的武昌、汉阳统一于一个行政建制来进行管理的首次尝试。

今甘肃灵台县新开乡牛村牛僧孺墓尚存，系甘肃省重点文物保护单位。

元至正二十四年（1364）

“炮架山”“鼓架坡”得名

在武汉长江大桥蛇山引桥的南侧，有一座“大汉陈友谅墓”，高大的石牌坊是1913年湖北省内务司整修墓园时所立，正面书写“江汉先英”，背面书写“三楚雄风”。

陈友谅是何许人，竟得如此评价？湖北沔阳（今仙桃）人陈友谅是元末农民起义领袖，曾建立“大汉”政权，与另一支农民起义队伍朱元璋部抗衡。元至正二十三年（1363），陈友谅在鄱阳湖与朱元璋部大战，头中流矢而亡，遗体由部将张定边运回武昌，葬于蛇山南麓。

蛇山上的陈友谅墓

朱元璋画像

陈友谅之子陈理率余部逃回武昌嗣位，改元“德寿”。朱元璋为彻底消灭陈理势力，当年亲率常遇春等部进攻武昌，久攻不克。年底，朱元璋留常遇春率部围困武昌，自回建康（今南京）。翌年二月，朱元璋亲至武昌督战。时陈理援军在其丞相张必先的率领下进驻城外洪山，朱元璋为孤立武昌之敌，派常遇春率五千精兵往攻，以绝其外援。常遇春率部击败援军，擒张必先。朱元璋立即派陈友谅旧臣罗复仁入城说降。陈理见外援已绝，武昌势孤难为，遂打开城门出降。不久，陈友谅之弟陈友才亦在潭州（今湖南长沙）降，至此“大汉”政权灭亡。

相传朱元璋当时曾驻师沙湖边紫金山，指挥将士在螃蟹岬架设大炮，炮打陈理据守的鄂州城（武昌时称鄂州），因此螃蟹岬便又有了“炮架山”的别名。陈理退守蛇山，朱部屡攻不下，乃组织敢死队，架战鼓于山坡，朱元璋亲自擂鼓助威，一举夺占蛇山，于是又留下“鼓架坡”的地名。

明洪武四年（1371）

周德兴增拓武昌城

朱元璋攻克武昌后，改元朝的武昌路为武昌府，下辖江夏、武昌（今鄂州）、嘉鱼、蒲圻（今赤壁）、咸宁、崇阳、通城、兴国州（今阳新）、大冶、通山，江夏县为武昌府的附郭。武昌城基本定型是在明洪

清同治《江夏县志》城池图

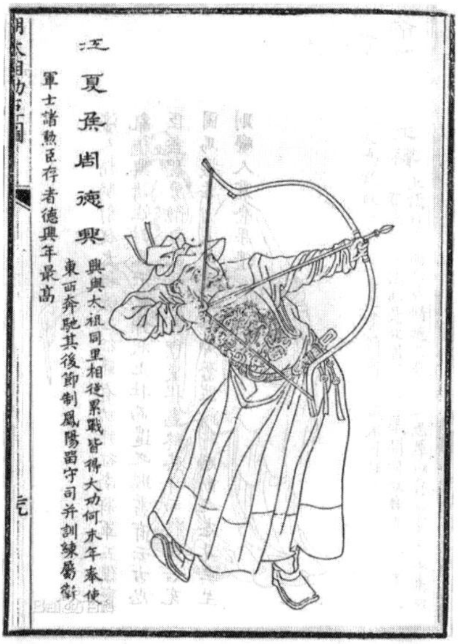

周德兴画像

武四年（1371），明开国功臣、江夏侯周德兴增拓武昌府城，将城区扩大到黄鹄山（今蛇山）南，该山始包入城内。据明嘉靖《湖广图经志书》（《湖广通志》）载：城周约 3 098 丈（约相当于今天的 20 里），城垣东南高 1 丈，阔 2 丈 5 尺；西北高 3 丈 9 尺，阔 9 尺。城壕周长 3 343 丈，深 1 丈 9 尺，阔 2 丈 6 尺。城墙上有垛眼 4 168 个，有城铺 93 座，城楼 13 座。辟有 9 个城门，东有大东门，东南有新南门，南有保安门、望泽门，西南有竹簰门，西有平湖门，西北有汉阳门，北有草埠门，东北有小东门。明嘉靖十四年（1535），巡抚都御史顾璘重修武昌城时，改大东门为宾阳门、小东门为忠孝门、竹簰门为文昌门、新南门为中和门（辛亥革命后改为起义门）、望泽门为望山门、草埠门为武胜门，余仍旧名。今县华林地区当在城内东北角。

据《明史·周德兴传》介绍：周德兴，安徽濠州钟离（今凤阳）人，与明太祖朱元璋是同乡，为明朝开国功臣之一。洪武三年（1370）因功封江夏侯，岁禄1 500石，予世券。他在楚地的时间较长，所用都是楚地的士兵，威震蛮中；平定武昌等15卫，每年练兵44 800人；开决荆州岳山坝，用以灌溉农田，每年增官租4 300石。楚地之人歌颂他的功德。周德兴还乡时，朱元璋赐他黄金200两、白银2 000两，带花的丝织物100匹。

明朝初年

灵瑞道院创立

明朝初年，全真道传入，昙华林地区道观布局开始有了定式规制，建筑日趋宏丽豪华，位于城山（即螃蟹岬）南麓西部的灵瑞道院便是其代表。该院在武昌北城，是全真道的唯一丛林，与武当宫、长春观并称为“武昌府道教丛林三鼎甲”。据说灵瑞道院原来供奉真武大帝，这也是它建于明朝初年的原因。永乐皇帝登基后，即下诏特封真武为“北极镇天真武玄天上帝”，并大规模地修建武当山的宫观庙堂。因皇室的大力提倡，真武大帝信仰在此时达到鼎盛阶段，各地修建了大量的真武庙，供奉真武大帝的灵瑞道院便应运而生。然这些说法尚缺文献记载印证。在灵瑞道院遗址上，现存“三义村”地名。究其来历，是从清代起，人们为缅怀三国英雄人物刘备、关羽、张飞的忠义和所建功业，便在道院内修建了供奉刘、关、张塑像的“三义殿”。清末，道院建筑因战乱被毁，三义殿却保留下来。1938 年日军轰炸武昌时，三义殿被毁。后来随着居民区的形成，三义殿遗迹已无踪影，只留下地名“三义殿”。20 世纪 50 年代，更名为“三义村”。早年，曹祥泰后裔曾建“曹家花园”于此。1928 年，石瑛亦在此建屋居住。

除了灵瑞道院外，昙华林地区还分布有不少小型道观，按教规它们都属于子孙小庙，其修持者每庙少则一人，多则数人，但最多一般不会

双柏前街

超过十人。“白云深处”即是一所道家别院，光绪年间有竹枝词写道：“白云深处近仙乡，四季长留百卉香。”（原作者自注：白云深处，道家别院。）这些小庙，香火一直延续到 1949 年后的有宜孝巷（今胭脂路北段）35 号的应元宫、城山北麓东城壕中部的永贞观等。在永贞观西侧的山壁上，曾有一处摩崖石刻，斗方大字镌刻的内容是“一事不遵圣贤言语就有不是”，如此内容，充分显示了全真道崇奉儒、释、道三教圆融的信仰特色。除此之外，还有双柏前街 17 号的双柏庙，因寺前两棵参天大柏树而得名。该庙旧址无存，地名尚在。

此外，还有涵三宫 5 号的清修道院、27 号的清修处和东城壕的清修林等。以上这些小道观，全都在 1958 年前后消失了，其旧址或遗址也都成了居民住宅。

明永乐二年（1404）

“崇府山”得名

花园山原名崇府山，俗名崇福山，因明代在山上建有崇阳王府而得名。

朱元璋称帝后，封其第六子朱桢为楚王，建藩武昌，是为楚昭王。历代楚王的子孙均受封为郡王或将军。郡王名目虽有通城、汉阳、大冶、寿昌、崇阳之类，却都是虚有其名，他们大都居于武昌城内安享荣华富贵。楚府郡王前后共封15位。据明嘉靖《湖广图经志书》记载：永安王、通山王、崇阳王、岳阳王、景陵王诸王府俱在司东北一里，通城王、江夏王、东安王、大冶王诸王府俱在司东南三里，缙云王王府在大东门内，寿昌王、长乐王王府在司南半里。各镇国、辅国、奉国将军府俱随王府建立。这里说的“司”，即“湖广等处承宣布政使司”。各郡王府的建筑甚为华丽，永安王府中的花园内有一座风格绮丽的御风亭，是当年永安王朱蕴钟蓄养的歌姬们的排练场地。

崇阳王世系如下：

崇阳靖简王朱孟炜，系楚昭王朱桢庶五子，永乐二年（1404）封。正统十四年（1449）殁。

崇阳庄僖王朱季堞，系朱孟炜嫡一子，景泰二年（1451）袭封。五年（1454）殁。

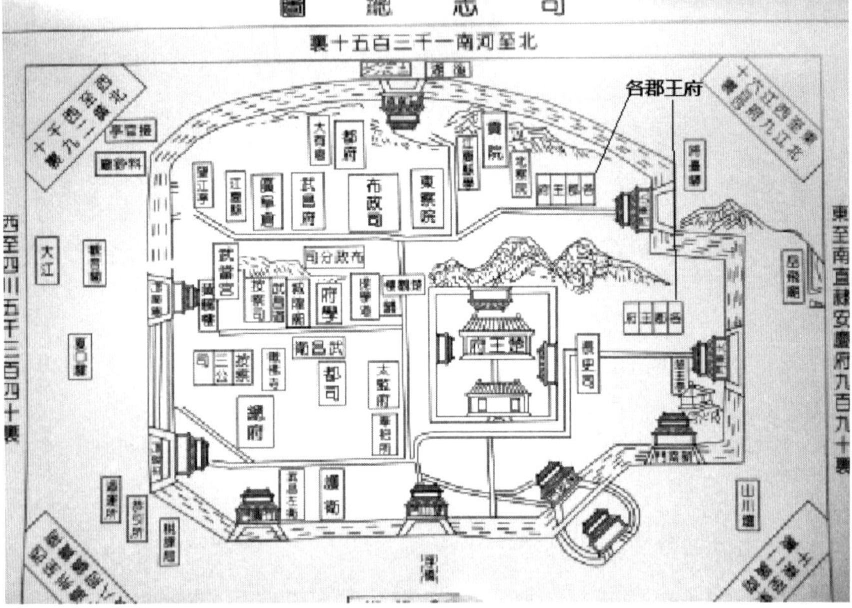

《湖广图经志书》所载地图标明了各郡王府位置

崇阳端懿王朱均鈋，系朱季堄庶一子，景泰六年（1455）袭封。正德九年（1514）殁。

崇阳端隐王朱荣瀶，系朱均鈋嫡一子，弘治六年（1493）以镇国将军改封长子。正德元年（1506）卒。以子朱显休袭封。追封王，谥端隐。

崇阳王朱显休，系朱荣瀶嫡一子，嘉靖元年（1522）袭封。二十八年（1549）以罪勒令自尽，除。

不算追封的端隐王，崇阳王虽仅有四代，但经营王府140余年。明末战乱毁于一旦，徒留“崇府山”地名。天长日久，当地百姓已经忘却这里曾经有过显赫的郡王府，而将山名讹称为“崇福山”。

崇阳王府所在的崇福山，是武昌城内的游乐胜地。有不少竹枝词记载了游客游览崇福山的情景，如戴玉华《西林诗萃》卷二《江汉竹枝词》

之四：

胭脂山上望如霞，崇府山头赏百花。
四十年前荒草地，到今人物尽繁华。

熊士鹏《熊两溟全集》卷七《武昌杂咏》之六：

四海相知一子猷，醉来笑傲向沧州。
夜登崇府山头望，东指红心入汉流。
【原注：子猷：谓马子猷。东指红心入汉流：时有赤星东出。】

傅燮鼎《崇质堂诗》卷三《鄂渚杂咏》之二〇：

崇阳王府剩残山，点缀江城在此间。
春色长年留得住，看花人去霭园关。

吴庆焘《簳珠仙馆诗存》卷一《武昌杂兴》之五：

江上楼台蜃气迷，霭园荒寂白华题。
桑田沧海寻常事，崇福山头日又西。

明正统九年（1444）

凤凰山南设贡院

中国科举制度始创于隋代，唐代初步定型，到宋代确立了三年一次的州试、省试（乡试）和殿试的三级考试制度。各地贡院就是科举时代举行乡试的考场。

北宋太平兴国年间，各省解送公车无定额。南宋建炎后，湖北学子科考附试于九江。绍兴十四年（1144），命各试于郡，各郡乃设置试院。元代和明初，湖广乡试均借武昌府城隍庙为考试场所。明正统九年（1444），始利用凤凰山南麓一处废公馆辟地兴建。草创阶段，依山就势，因陋就简，号舍皆为木板屋。有人讥笑“高下失伦”。两年后，号舍即遭火灾。景泰三年（1452），知府刁正重建。成化四年（1468），都御史罗繁昌等重修，规模始备。弘治十七年（1504），知府陈晦拆去旧房，重建新屋，宏大规制。正德十二年（1517），公堂遭火灾，布政使李凤更立新堂。万历元年（1573），布政使施尧臣、陈瑞等始改建为砖瓦房屋。崇祯十五年（1642），提学高世泰增修。

清顺治十二年（1655），武昌新府学落成，湖广巡抚林天擎所撰《武昌府学重修记》中有“余思惟楚有材，自昔艳羡”的文字，后来将“惟楚有材”书于匾额，取代“腾蛟起凤”，悬于武昌贡院牌楼，影响深远。康熙三十一年（1692），布政使李基和拓展规模，增加号舍。四十二年

武昌贡院

（1703），巡抚刘殿衡借江夏县学宫地又增加号舍5 000余间。雍正二年（1724），南北分闱，即湖南、湖北分开科考，考生减少，号舍稍加裁并。乾隆年间，贡院格局为坐北朝南，有三座门楼，大门系木栅构成，门柱高两丈多。三座门楼中，第一门题“辟门吁俊”，第二门题“文运天开”，第三门题“朱衣点首”。进大门后有一片园地，是文武官员停轿的地方。过园地有八字形正门，进了正门过天井是大厅，大厅后有一排平房，系评卷人员办公室兼起居室。平房后的正厅是主考官办公兼住宿处，正厅两旁平房是承差和主考官随从的宿舍。从大门到正厅，两边都有围墙和大门两边的木栅栏相连。围墙外面靠墙则是号舍（考棚），从南到北按东西向排列。当时规模：东沿得胜桥至戈甲营口，西从菊湾东街至黉巷，南抵青龙巷，北依凤凰山。今湖北省武昌实验中学乃其遗址。后来考生有所增加，号舍也不断增多。嘉庆九年（1804），黄冈王宗华呈请增号800间，并捐银2 000两，存典生息，以备增加名额时的

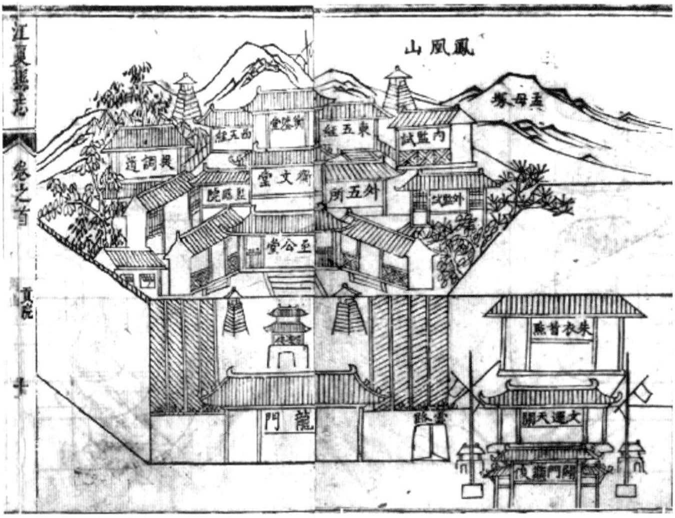

《江夏县志》上的贡院图

供给。道光中重修，咸丰初太平军占领武昌时被毁。咸丰八年（1858），湖广总督官文、湖北巡抚胡林翼檄府州县绅富捐资重建贡院与牌楼，曾国藩重题“惟楚有材”匾额。后利用江夏县署旧址，并购买居民地基扩建，使号舍达到 10 100 余间。同治八年（1869），复购买贡院东边民地建号舍 2 100 余间。规模最大时可供 12 200 名考生同时考试。

武昌贡院在清雍正前为湖北、湖南乡试唯一场所。乡试每三年一次（农历八月十六至十八日三天）。主考官由朝廷委任，每期乡试应试者数千人，多时达万人。南北分闱后人数大减。分闱后，湖北每科录取定额不等，有时 50 名，有时 48 名，到光绪朝达到 58 名，实际录取会超过此数一点。湖北从雍正二年（1724）至光绪二十九年（1903）共开 81 科乡试，录取举人 4 792 名（不包括 146 名恩赏举人），平均每科产生举人 59 名。九月上旬发榜，大主考会同总督举行鹿鸣宴，为新科举人举行粘花仪式（挂大红花），乡试至此结束。在当时，贡院被人们视作飞黄腾达、光耀门庭、实现“学而优则仕”的圣地。

在此前后，有太平试馆之设。

试馆是古代科举考试时各地考生居住的场所。清人震钧《天咫偶闻》卷二：“（北京）于忠肃祠，在裱背胡同。芜废已久，近始重修，浙人逢春秋闱，居为试馆。”

由于武昌贡院在清雍正（1723—1735）以前为湖北、湖南乡试唯一场所，每届考期前来应试的考生很多。明天顺（1457—1464）以前贡士无定额，或 45 人，或 50 人，或 150 人，成化（1465—1487）初年始定每届 85 人。但应考者是这个数字的许多倍。南北分闱后，人数大减。

位于花园山西麓的太平试馆，就是接待各州县到贡院参加乡试的考生的住所。他们在此住宿时间少则月余，多则三个月左右。考前在此复习备考，考后在此等待发榜。闲时会到花园山与昙华林一带游览，附近的崇文书局则成为他们搜寻应考书籍的必到之处。

民国年间没有科举考试，太平试馆一带渐成民居。位于太平试馆 4 号的一栋两层建筑，就是原国民革命军第 97 军代军长汪泽的旧居。房子建于 1910 年，是一幢江南民居式住宅，总建筑面积 231.19 平方米，三间三进，两层砖木结构。前有天井，中为厅堂，房间环绕厅堂布置。二层环状走廊，采用木制雕花栏杆，具中国传统风格。如今，汪泽后人还住在这里。

1921 年春，林育南、林育英兄弟到武昌，也住在太平试馆的一间平房里。他们与恽代英等在武昌横街创办了利群书社，宣传马克思主义思想。当利群书社出现经费困难时，他们又开办了一家利群毛巾厂筹措经费。毛巾厂先设在武昌郊区，一年后搬到武昌大堤口。厂里的工人大多是林育南、林育英从汉阳请来的。

明弘治十一年（1498）

江夏县学迁于凤凰山下

宋初，由于江夏县为鄂州的附郭，便在州学中另置务本斋作为江夏县学。宋绍兴后完全附于州学，不再为江夏学子另设斋舍。元代照旧。明洪武初，教谕沈浩然拓创县学于黄鹄山（蛇山）北，后因建楚王府的广埠仓，于明洪武九年（1376）移平湖门内归厚坊。其地离闹市很近，喧嚣湫隘，不宜于学习。

弘治十一年（1498），监察御史余姚人王恩巡按湖北，他到县学视察后对学生讲，“学也者，上以崇圣贤，下以育才俊”，此地规制狭隘，很不适宜学习，需要择地重建。于是在城内外寻找新址，均无合适的地方，最后在贡院之西凤凰山下找到一块“高明爽垲”之地，乃迁建县学于其地。所需经费皆由王恩通过“赎刑”筹集，官不竭财，民不告劳，减轻了官民负担。士大夫经过此处者，都啧啧称赞说：“是学之形胜，殆天设而地藏之以遗今日乎？”

正德二年（1507），提学陈凤梧等重修县学。陈氏撰《江夏县学记》称：“先是旧学历数十年未有举于乡者，更迁以来，仅二三科登名者累累焉。士以是欢趋之。”明代置官教谕一员、训导二员、司吏一员。学生则廪膳、增广各20名。以后直到清代，多位地方官捐资修缮。

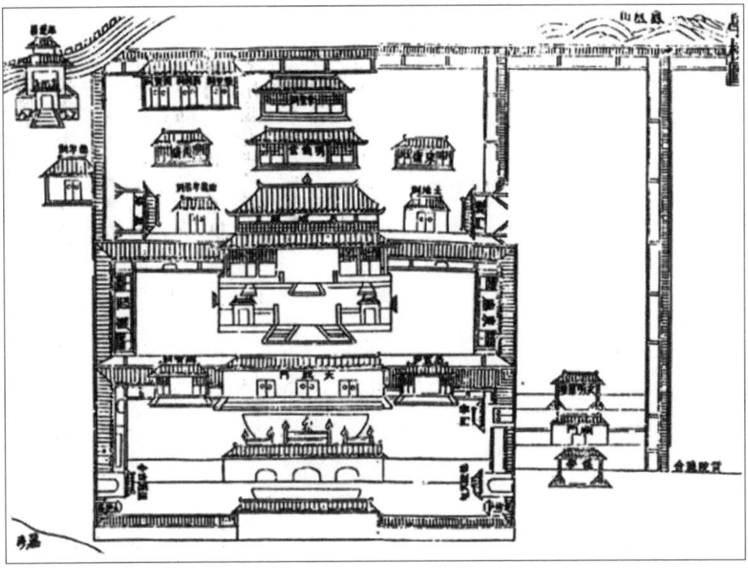

同治《江夏县志》所载江夏县学图

清康熙三十五年（1696）乡试，官府以贡院逼仄，借江夏县学之地扩大贡院号舍，殿庑、门堂悉遭拆毁。此后每科乡试都要借县学编号，县学遂日渐倾圮。康熙五十八年（1719），知县潘宋鼎力任修葺，多方筹措，三年始成。其规模：前至莲池堤，后至城墙，南北长 30 丈 5 尺；东至贡院墙，西至抚院墙，东西广 15 丈 9 尺。前面东角到云路坊，西角到顺治坊，后面东角到凤凰山麓，西角到雄楚楼界。后屡次修缮。至咸丰二年（1852），县学被太平军焚毁，同治二年（1863），邑人重修。同治九年（1870）结合增拓贡院，始于明伦堂前建立东西斋舍，并增减孝悌忠义诸祠。

光绪八年（1882）九月，巡抚彭祖贤饬知县史悠庆再次修葺。县学中除大成门、大成殿（孔庙）、明伦堂（讲堂）、东西两庑、斋舍等建筑外，还有名宦祠（祀唐代赵憬以下 27 人）、乡贤祠（祀唐代李邕以下 39 人）、忠义孝悌祠（在仪门左，祀汉代黄香以下 28 人）、本学节义祠（在仪门右，祀县教谕鲁唯、训导阮熙仁、文生王人宝以下 41 人，武生何崑山以下 8 人）、节孝祠（在学宫外右侧）、教谕训导署（在明伦堂左右）、射圃（在教谕训导署旁）。

明崇祯年间

府后街建正觉寺

有著作称，昙华林“武昌正觉律寺……是我国汉传佛教地区十分稀贵的大型律宗佛寺之一，由大和尚无念律师创建于明朝洪武年间”。《武汉市志·社会志》（武汉大学出版社 1997 年版）所载《武汉市历代寺庙略表》上亦称正觉寺创建于明初，创建人为无念。这种说法可能出于对同治《江夏县志》中关于“明太祖谕僧无念并诗碑在江夏县正觉寺，洪武三十年”这段记载的误解。

其实，《江夏县志》所记正觉寺应是九峰寺。无念是应山县孟畈村人，九岁在应山宝林寺出家。明洪武年间，楚昭王因仰慕无念禅师的道行，便请其住持武昌九峰山九峰寺。洪武二十七年（1394），朱元璋在南京召见了他，赐给金钵盂、净瓶、金襕、袈裟、百彩衲衣并御制诗文等，还将无念出家的宝林寺赐名“正觉寺”。

明洪武三十年（1397），无念禅师的弟子在九峰寺后崖上开龛，将朱元璋御赐其师的诗文镌刻其上，这就是《江夏县志》所说的“明太祖谕僧无念并诗碑”。龛高 160 厘米，宽 97 厘米，正书 30 行，计 930 字。正文记述了朱元璋召见无念禅师的经过。后面刻诗 5 首，即《题僧无念九岁出家》《舟归武昌》《武昌归隐》《怀僧无念特赐松实诗》《赐僧无念诗》。永乐三年（1405），无念在武昌九峰寺圆寂，享年 81 岁。其弟子又在此石刻左方数米处开石龛刻像，以为纪念。因与宝林寺更名后的正觉寺同样刻有朱元璋御制诗文，九峰寺也被附会为正觉寺。

任桐所撰《沙湖志》中有沙湖十六景之一“九峰晨钟”，明确记载：“狮子峰下有正觉寺，明高僧无念所建。门阖九峰，松柏四绕，每日晨起，钟声清远，直超出尘外境也。”

无念既不是“律师”（而是“禅师”），也与昙华林的正觉寺无关。那么，昙华林的正觉寺又有何来历呢？

《湖北通志》卷十五《舆地志十五》“古迹一”引称：“正觉寺在县城崇府山南（雍正《湖广志》）。明荆州惠藩建，楚武冈王书额（《图书集成》引旧志）。清咸丰二年毁，九年总督官文重修。寻复倾圮，同治八年永康胡凤丹募捐修复（县志）。”

明惠王朱常润系万历皇帝庶六子，母亲是李贵妃。万历二十九年（1601）封惠王，天启七年（1627），开始到封地荆州建藩。

武冈王朱华增系楚镇国将军朱英櫍（武冈王朱显槐之子）庶一子，万历二十八年（1600）袭封。顺治元年（1644）国亡，不知所终。

由于明惠王在天启七年始到荆州，武冈王只能在崇祯年间与其有交集，故正觉寺应该在崇祯年间建造，即是在明末，而不是明初。

清咸丰二年（1852），正觉寺毁于太平军。咸丰九年（1859），总督官文重修，寻复倾圮。同治三年（1864），又毁于大风，致使寺内大殿、后殿颓倾，诸佛像破败。同治八年（1869），住在寺庙旁边任职官书局的永康人胡凤丹募捐修复，寺内香火再续。

胡凤丹与正觉寺有缘，仅在其著作《退补斋文存》[同治十二年（1873）刊刻]中，就保存了他为正觉寺所写的文字四篇，即《募修重建正觉寺殿宇启》《重修鄂垣正觉寺碑记》《添修正觉寺书楼碑记》《正觉寺中兴第一祖故正峰大师塔志铭》。根据这些文字，人们可以还原正觉寺的历史和重修经过。

20 世纪 50 年代，寺院被挪作他用，先在寺中办毛巾厂，后改建为长虹模具厂，寺庙原建筑已荡然无存。

明崇祯十六年（1643）

贺逢圣等抵御张献忠部攻城

崇祯十六年（1643）五月，张献忠部渡过煤炭洲，直逼武昌城下。明军游击朱士鼎率水营，长史徐学颜率楚王府兵守城。致仕大学士贺逢圣与参将崔文荣泣涕誓师，以忠义鼓励将士尽力拒守。崔文荣独守武胜门，最当敌冲。敌部攻打城门，崔文荣指挥诸军奋力抵抗，用巨石垒门，督家丁、士兵露立城上，发炮火还击敌军，多所伤毙，敌军为之夺气。后楚王府新募士兵内应张献忠部，打开保安门和文昌门，城遂陷落。部分官员跳城外逃，崔文荣跃马凤凰山，杀敌三人，被敌军用长矛刺中腋下而死，家丁亦全部战死。后当地民众于凤凰山立石，书“崔将军尽节处”。徐学颜挥刀与敌格斗，断左臂，右手仍握刀站立不倒，被敌肢解而死。贺逢圣则率全家自沉于紫阳湖。

清朝初年

“粮道街”得名

明代掌管督运漕粮的官员称“督粮道”，简称“粮道”。每个布政使司下设一个督粮道，由布政司参政、参议分任督粮道。清代则在有漕粮之省才设置督粮道（又称“粮储道”），“掌监察兑粮，督押运艘，而治其政令”，为正四品，受总督、巡抚统辖。其中，有些粮储道还兼任分守道或分巡道。

昔日粮道街

湖北督粮道署原在布政司署西。明季兵毁，清顺治年间参政李发藻移建于府前街，粮道库大使署也在这一带，此后便有了“粮道街”地名。

督粮道署在咸丰二年（1852）太平军攻占武昌时被毁。咸丰八年（1858），粮道张曜孙由善后局动款修复。光绪八年（1882），粮道恽彦琦因科房倾圮，复由善后局动款修葺。督粮道在光绪二十八年(1902)裁撤卫所时一并裁撤。

昙华林地区设武昌左卫和武昌卫

明朝军队编制实行“卫所制”，军队组织有卫、所两级，一府设所，几府设卫。

卫设指挥使，统兵士 5 600 名。卫下有千户所，统兵 1 120 名。千户所下设百户所，统兵 112 名。各府县卫所归各指挥使司都指挥使管辖，各都指挥使又归中央五军都督府管辖。兵士有军籍，世袭，平时屯田或驻防，遇有战争，朝廷命将率领各自卫所的士兵征战。卫所制有些像世兵制，又与唐代的府兵制相似，明中叶以后，屯田多被军官吞蚀，军士破产逃亡，徒存官署。

明洪武八年（1375）置武昌左卫，二十二年（1389）置武昌卫。两卫各设指挥使、指挥同知、指挥佥事、镇抚和左右中前后千户所千户、百户。

据明嘉靖《湖广图经志书》(《湖广通志》）记载，武昌左卫和武昌卫均在武昌府署南。从该书所载《武昌府总图》上看，武昌左卫在武昌城西南望山门一带，武昌卫在都司湖一带。

清朝初年，虽沿袭明制，在有漕运任务的省份仍设卫所，但取消了卫所的军事性质，保留运粮职能，并设屯田以养运丁。每卫设掌印官一员，兼理屯田事务，改称卫守备；千户改为卫千总；百户改为卫百总，皆每所一员。卫军改称屯丁，凡卫所钱粮职掌及漕运、造船事务等俱照旧。据此，武昌左卫和武昌卫各设守备一员、千总一员、百总一员。雍正十三年（1735），裁诸卫百总。武昌卫为了区别于武昌左卫并提高自己的地位，自称“武昌正卫”。武昌正卫署在武胜门内正卫街。武昌左卫署在抚院街。两卫以屯垦和运输粮食为主要任务。雍正《湖广通志》还记载有卫所的另外一些功能：“武昌：武左二卫，留造火药、铅铁弹子，并看守库局、启闭门禁锁钥等项，屯丁四百名。”乾隆六年（1741），武昌卫裁汰屯丁 153 名，武昌左卫裁汰 149 名。卫所有卫城，并有城隍庙。在晚清武昌的老地图上，可以清晰地看到武昌卫和武昌左卫以及正卫城隍庙、左卫城隍庙的所在位置，现在仍有正卫街地名。由于长期在此驻军屯垦、漕运，在武昌卫衙门西侧有专管马匹的马道衙门，在武昌卫的正南方设有负责提调兵器的戈甲营。

光绪二十七年（1901）六月初四，湖广总督张之洞与两江总督刘坤一联衔上《遵旨筹议变法谨拟整顿中法十二条折》，其中一条就是裁屯卫。奏折称：“查有漕各省，屯田本为赡运军而设。各卫所守备、千总，本为征屯饷、押漕运而设。今日无论折漕与否，运漕皆系轮船、民船，运军久无其人，卫官一无所事，而屯田、屯饷，弊窦尤多。……若屯田、屯饷改归所隶州县征收，则每年丰歉完欠，皆有可考。”建议“将屯丁运军之名，编审之例，永行删除，卫守备、卫千总等官，一概裁罢，改为营守备、营千总，分别补用”。朝廷采纳了他们的建议，于光绪二十八年（1902）正月十七日谕：“各直省卫所屯田，原为转漕养赡运丁而设。自南漕改由海运以来，屯卫弁兵，半成虚设。……着漕运总督陈夔龙会同有屯卫省份各督抚，将各省屯田地亩，逐一彻底查明，悉令该屯户报官税契，听其管业，将屯饷改为丁粮，统归州县官经征。……此后屯丁运军名目概行删除，其原设之卫守备、卫千总等官，并着裁撤，改归营用。”张之洞遵旨裁撤卫官，武昌正卫署与武昌左卫署于是时裁撤。

清顺治年间

江汉书院迁至巡道岭

江汉书院始设于明洪武二年（1369），提学使葛寅亮主持创办，以江、汉二水为楚地之望而定名。原址在武昌文昌门内。清顺治年间定为直省书院，迁至忠孝门内巡道岭（今粮道街武汉中学处）。原系都司（湖广都指挥使司）操捕道公署，后奉文裁撤，由左布政使黄志遴主持创办书院，修建斋舍，储书教士。该处近园圃而不喧哗，远衙营而无滋扰，确系读书好去处。后布政使张尔素、翟凤翥先后主持重修。巡抚林天擎集多士肄业，捐赀供给。后年久颓坏。康熙三十九年（1700）冬，担任教职的谢加恩、黄裳，毅然以古道为期，主持书院尤为出力，所以负笈而来者趾踵相接。康熙四十九年（1710）后，巡抚陈诜、张连登等次第修葺。雍正四年（1726），巡抚法敏、布政使郑任钥、粮道王承烈捐廉俸，增膏火。学生主攻古今文、试帖诗。按月官课、师课各一次，官课自总督至武昌知府每月讲课一次。后江夏县、汉阳县县令亦来讲课。师课则院长每月讲课一次。官课考试有奖金，师课有膏火无奖金。乾隆初年，总督德沛（宗室，后承袭简亲王）提倡道学，振兴文教，特聘孝感进士夏力恕任山长，并时常微服至书院与诸生讲学，“俨如寒素，温文巽语，人咸坐春风中，不知为本省制府也”。又与巡抚崔纪先后捐赀扩建东偏和西偏，规模有所扩大。内设十贤祠，祀濂溪（周敦颐）、二程

（程颢、程颐）、横渠（张载）、考亭（朱熹）、南轩（张栻）、陈良、公孙龙、任不齐、赵复等，时任江汉书院山长夏力恕作有《江汉书院十贤祠碑记》。又有德教祠，祀肇建书院督抚司道及历次输资有功于书院者。又有题名碑记，凡诸生中试者，皆镌名其上，以资鼓励。

江汉书院于咸丰三年（1853）太平军占领武昌时被毁。同治元年（1862），湖广总督官文和邑绅陈庆溥集资重建，山长彭久余补葺。同治六年（1867），书院山长雷以诚呈请鄂督李鸿章批准，进行扩建，补修了斋舍，重建文昌阁、魁星阁、十贤祠、德教祠，使肄业生员达 2 400 名，课程内容主要是四书五经和宋明先儒著作。

次年，任湖北学政的张之洞到各府主持考试，将各府诸生才学优秀者送江汉书院肄业，除筹给膏火费外，还捐购经史书籍庋置院中，以便学生们能学习研摩，专务实学。光绪二十三年（1897），已为湖广总督的张之洞根据新形势，对书院进行改章，除传统课程外，又增设天文、地理、算学、兵法等科目。本院分教习多由经心书院分教兼任。光绪二十八年（1902），江汉书院被并入经心书院，改为勤成学堂。

清乾隆中期

“昙花林”佛寺兴建

《湖北文征》第十一卷载有黄冈人刘溱于同治三年(1864)撰写的《重游昙花林小记》一文。文章开宗明义指出:“昙花林者,鄂城祇园之别构也。”“鄂城”即武昌,“祇园”是“祇树给孤独园”的简称,梵文的意译,代称佛寺。刘溱称其祖父于清朝嘉道年间曾在此寺院中读书。所记道光三十年(1850),他第一次随祖父游览时,只见昙花林寺庙附近,“雾市绝尘,烟岚枕郭,鸟声破午,云静天高,花香压衣,石细路古”,风景绝佳。离寺庙半里地就“微闻斋鱼发响,铜乌啸风,经声出幢,松阴匝地”,只觉得“尘氛顿释,道味默生”。进庙以后,只见环境幽静,建筑宏伟:“清泉甘冽,素磁若空,禅房邃深,幽径一碧,层檐接雉梯而上者十寻,屈道盘蚝磴而休者百折”,可见寺庙规模甚大。

刘溱(1829—?),字芙裳。问津书院诸生。勤敏力学,善诗、古文,清末“黄冈七子之一”。清同治元年(1862)乡试中举人,三年(1864)大挑授江陵教谕。曾官武昌府教授。清光绪二年(1876),主持问津书院祭孔大典。有《小隐山房骈体文续抄一卷诗续抄三卷诗余剩稿一卷》[光绪二十六年(1900)刻本]。

当时在昙花林寺庙里读书是常见的事。江夏才子张杲《昙花遗稿》[咸丰四年(1854)刻本]中也有记载,张杲在赠给其兄的诗中

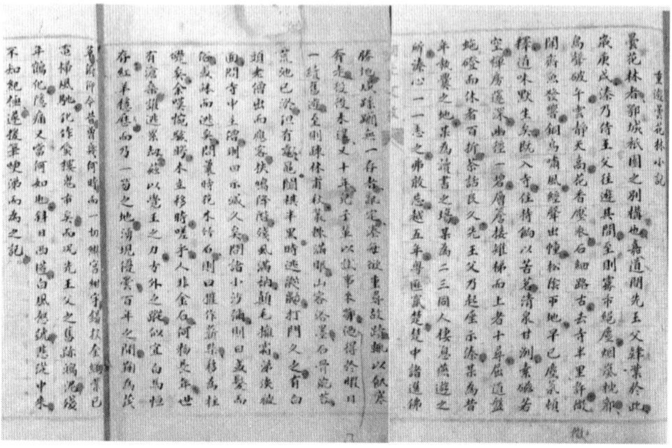

《湖北文征·重游昙花林小记》抄写稿

回忆了与兄长在昙花林读书的事："昔我襁褓中，见兄索梨枣。七载就外傅，从兄亦云好。三年小范家，五月昙花林。形影共晨夕，此景长在心。"

五年以后，即咸丰四年（1854），太平军第二次攻占武昌城时，佛教圣地被毁坏无遗，昙花林寺院也未幸免于难。又过了十年，即同治三年（1864），刘溱带领前来武昌参加科举考试的儿子再次游览昙花林。此时所见与十五年前形成鲜明对照，物非人也非。到了那里，只见"疏林甫秋，丛棘满眼，山容浴墨，石骨浣苔。荒池已淤，但有蛙黾；斗棋半黑，时逃鼬鼯"。敲门良久，才有一位老态龙钟、满身龌龊的老僧出而应客。向其打听寺中人事，则回答说主僧早已圆寂，小沙弥或还俗，或出走。问及昔日花木竹石，则回答说有的毁了做柴烧，有的移作柱础。刘溱呆立许久，感叹不已，本以为昙花林是以觉王（如来佛）之力，方外之踪，天下太平时才在这块狭小的地方出现优昙花。岂知百年之间，竟荒芜衰败至此。曾几何时，一切化作蜃楼鬼市。由此时上推百年，当为乾隆中叶。因此我们推断，昙花林佛寺当建于彼时。

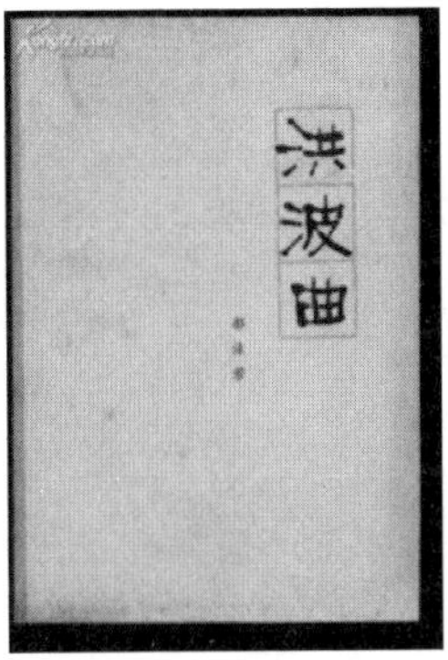

三　昙　花　林

昙花林在武昌城内的西北隅，在文华大学的对面。地方很宽大，房屋很多，但建筑都很旧，涂上的红油漆都已经快泛黑了。照名称看来，在前大约是什么佛教的建筑吧？这一段古我却没有功夫考过。政治部刚成立的时候，这儿曾做过本部。要经过一条很窄而长的背街才能到达，那条背街只能够勉强通过一部小汽车。大员们嫌交通不便，不久便乔迁了。于是这样大的一个地盘便留给了我们。场面真够大，大到尽可以在里面办一座综合大学。

地方尽管大，但三厅的人后来有一个时期却把它挤满了。

各处、各科和秘书室，在编制中正式的名额就有三百多人。加上附属团队：孩子剧团，抗战宣传队四队，抗敌演剧队十队，漫画宣传队一队，还有各科处的雇员、公役、卫士等等，合共总在两千人左右。此外制片厂的几百人和电影放映队五队驻在汉口的杨森花园，还没有计算在内。

空地很多，周围的树木也很多。附属团队在受着短期训练时，空地有时成为操场，有时成为戏场，差不多整天都有弦歌之声在浩荡地激扬着。我们的门禁并不森严，外来群众是可以随意出入的。不知道的人或许会以为是游戏场了。

但这个僻静的地方，不久便成了敌人轰炸的目标。当敌机空袭的时候，往往在周围投弹，也引起过不少的牺牲。

对面的文华大学是教会学校。因为隔得太近，怕遭殃，便在每一座房顶上画出一面大花旗，作为保护。当时日寇的空袭并不厉害，一切防空设备都有点近于儿戏。昙花林里面，政治部本部也为我们留下了一些防空室，是在空地中像坟墓那样用红砖砌成的，那只可避免一些破片的波及而已。

因此每到有空袭的时候，很多人不肯进防空室，随意在树下或者房屋里躲藏一下了事。但也有极少数的人跑文华大学的，胆大者便讥嘲为"跑租界"。

不幸的是有一位"跑租界"的却遭了殃。有一次文华大学的一座大教室当头中弹，好些人被炸死，其中有我们一位接近国民党的高级科员。

还有一次，是附近城外的一株柳树中弹。树下正躲避着几位公务人员，全被炸死。我曾经去看过。有两位的脑髓震飞了，只剩下一个空壳。那个炸弹的目标当然也就是昙花林了。

这些人的生命真是有点类似"昙花"，但昙花林本身却是命长，敌弹一次也没有命中过。

郭沫若《洪波曲 · 昙花林》书影

然而当时昙花林寺庙并未毁尽，残存的建筑应该在20世纪30年代尚存。1938年郭沫若担任国民政府军事委员会政治部第三厅厅长的时候，在昙华林住过一段时间。他在《洪波曲——抗日战争回忆录 · 昙花林》中回忆说："昙花林在武昌城内的西北隅，在文华大学的对面。地方很宽大，房屋很多，但建筑都很旧，涂上的红油漆都已经快泛黑了。照名称看来，在前大约是什么佛教的建筑吧？这一段古我却没有功夫考过。"郭沫若说日本飞机轰炸炸死了很多人，使他们的生命像"昙花一现"，但"昙花林本身却是命长，敌弹一次也没有命中过"。

"昙华林"的地名就是来源于昙花林佛寺，在古代，"花"和"华"同义。

乾隆五十八年（1793）

刘居士建“霭园”

明末王府被毁后，崇府山成了百姓用地。到清乾隆五十八年（1793），一位姓刘的文人在山脊上修建草堂、亭园。当时的学使吴省钦（号白华）为其题门额为“霭园”，并有门联“江城画里，崇冈枕秀”写实。其后，武昌府粮道刘锡嘏为其作铭记胜，题为《霭园铭》，从此霭园名声大振。霭园（一作“蔼园”）俗称“刘家花园”，占地十余亩。园四周有竹编麋眼之篱、虎皮之垣。园内杂花亏蔽，亭榭错落。每当春暖花开或金秋九月，游客络绎不绝。园内最引人注目之处要数建在山麓高处的“佳山草堂”，若登高小憩，可坐览山川之美，可眺观江湖之胜，草堂门联“挹朝爽西来，杯底岚光飞隔岸；望大江东去，檐前帆影度遥山”就是佐证。刘锡嘏是书法高手，将《霭园铭》大书于屏，时人视为墨宝，争相摩勒。

清陆以湉《冷庐杂识》卷六有《刘园》一篇，记园内布局甚详：“园第一门西向，内僻地数亩，皆缭以垣，有祠祀花神，题联云：‘五百年为园主人，高台曲池，点缀江城如画里；十二月催花使者，和风甘雨，氤氲香国得春多。’北有茶社，榜曰‘来鹤’，游人于此小憩。第二门东北隅南向，内有梅苔、鹤露山房、小天台、白华亭诸胜，俱在东偏；向西，小天台之西有佳山草堂，向南可望江景。入第三门，一小径，东

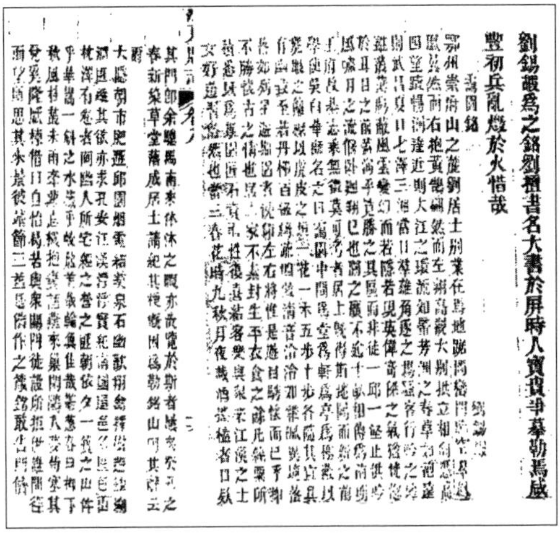
劉錫嘏爲之銘劉種書名大書於屏時人寶貴爭摹勒焉咸
豐初兵亂燬於火惜哉

同治《江夏县志》所载《霭园铭》书影

有吸江、春草二亭。径尽有堂三楹向东，颜曰‘一池秋水半房山’。堂东有池，池东有树，树阴环绕，凉意袭人，于此避暑最佳。堂之北，即主人内室。园不宏敞，而幽邃静逸，倏然尘外，洵为鄂州胜地。丁酉岁，余屡游焉，曾题诗云：‘一径穿云入，楼台漾碧虚。人为盘谷隐，地是辋川居。旧作藩王宅，今成处士庐。不胜怀古意，凭眺重踟躇。莫负山林胜，幽踪且暂淹。江声走虚壁，岚气逼深檐。古砌蟠藤曲，疏篱引蔓纤。好诗扪石赏，写景韵重拈。’”

霭园在咸丰年间因兵祸而遭破坏。光绪中为署陕西兵备道汉阳人黄嗣东(字小鲁)所得，成为其“别业”。在两湖书院校阅试卷的陈三立(字伯严，陈宝箴之子、陈寅恪之父)、两湖书院教习易顺鼎(字实甫)等人常在此留宿，邀一帮诗友雅集，互相唱和。湖北官报局总编纂、福建诗人陈衍尝参与其间，在其《石遗室诗话》卷十九记载：“余有《怀旧绝句三十三首》，中《怀黄小鲁兵备》云‘投老汉阳黄鲁髯，霭园楼阁几堆盐。追酬人日高常侍，词翰招魂待伯严’，亦用杜诗。伯严每至武昌，必住小鲁霭园，常招余及实甫诸人赏雪赋诗。”

刘家花园招徕众多游客赏花，也带来了商机，周边居民纷纷干起了种花卖花的营生。晚清丁宿章辑《湖北诗征传略》上记载了这样一件事：王菊门曾访江夏隐居诗人秦文朴故居（省城东北隅），只见秦氏“子孙以种花为业，环堵萧然，庭户整洁，犹可想见隐君子之余风”。当时种花人家赶时髦，纷纷将花铺称作“某某花局”。光绪六年十月二十七日（1880 年 11 月 29 日）上海《申报》发表的棣华馆生《鄂垣竹枝词》记载了这一有趣现象：“白云深处近仙乡，四季长留百卉香。明是花林偏号局，园工风趣学官场。”（作者原注云：白云深处，道家别院；花铺招牌均称“花局”。）

既因刘家花园已逝的陈迹，又因当地居民种花卖花的悠久历史，崇府山便有了“花园山”的俗称。

乾隆六十年（1795）

甘希贤遗孀建哲兴庄

初彭龄画像

乾隆末年，江夏民妇甘李氏上书给光禄寺少卿、时任湖北学政的初彭龄，称其夫甘希贤生前读书未遂，赍志以终，而好义性成，临终时惓惓遗嘱，以其家在横山良田每年所得租谷约300石，用十分之三资助参加会试之公车（举人）北上之费，十分之七资助参加乡试的考生，特在武胜门内建哲兴庄办理资助事宜。哲兴庄内奉祀文昌帝君，而将所立规则勒石于门前。请学政钤用官印，以垂久远。并请学政为文记之。为此，初彭龄撰写《哲兴庄记》，勒碑永存，碑文由山阴刘传录书丹勒碑、江夏举人容景春篆额。哲兴庄田坐落在横山里陈家小庙，每年额租302石1升2合。

初彭龄《哲兴庄记》全文如下：

余视湖北学政三年，遍历十一府州，习知楚故。见《蕲水县志》载有兴贤庄一区，岁收租谷一百七十八石有奇，至乡试之秋分给诸生赡资斧。揆厥所由，前明崇祯初知县南昌李君汝璨创其始，而本朝康熙中嘉善李君振宗踵成之者也。意美法良，行之百数十年，罔有攸替。窃叹当时长吏恤士作人，其精神有周于簿书、狱讼之外者。又窃意上作下应，必有好义之士出自闾巷间，闻风而兴起者，而恨未及见之也。已而江夏民妇甘李氏，以状赴辕，具称故夫希贤读书未遂，赍志以终，而好义性成，属纩时惓惓遗属，愿以横山腴田岁得租谷约三百石，以其什之三资公车北上，而十之七给乡试者。爰建庄于武胜门内，以为支给之所。中祀文昌帝君，而镌所立规则于石，既请钤用官篆，以垂久远。又乞为文以记之。余惟甘生垂绝而嗜义不忘，而其妻以茕茕嫠妇乃能成夫志于没世之余，非所谓闻风而兴起者欤？顾以事势难易论之，蕲水令君以百里宰又后先倡置，始能有成，而甘生以闾左一布衣，一日而为此举，其所能施田亩既视令君几倍，而其为法又以补其所未及。是诚行义之可嘉者。余因不辞而为之记。其田产坐落租入事例及支放科条，当别刊于石云。

清道光十年（1830）

裕谦增育婴堂经费，创办恤孤局

武昌府育婴堂创建于雍正九年（1731），原在汉阳门内崇文三铺。后因乳婴日繁，乳妇、夫役不敷应用，于乾隆四年（1739）各官公捐，改建于新兴一铺，湖广总督班第为该堂题额“保息同仁”。每年收哺婴儿一二百名。乾隆四十三年（1778），又移新兴三铺。乾隆四十七年（1782），盐道暨各属捐建于粮道街。后婴儿增多，经费不敷应用，乃于道光七年（1827）筹议士商捐输，共襄善举，但没有收到多少捐款。裕谦来任武昌知府，重温其曾祖父班第所题“保息同仁”四字，感触深刻：“曰保曰息，有惟恐不能保，惟恐不能息，而亟亟求其所以保所以息；曰同曰仁，以足保息之义，能保息者即可同此仁。隐然有望于后之来者矣。”于是便停止劝捐之议，自己与道员德怀庭各捐俸银3 000两交江夏县发典生息，每年可得息银720两，遇闰年还可加增，由典总按季呈缴府库，存备支用。有了这笔款项，就在育婴堂原有的165间号房外添设35间号房，每年自十月至次年二月婴儿较多时，添雇乳妇，使不致一妇喂养两间号房的婴儿，不利于养育。兴盛时，堂中婴儿、乳妇、夫役，计400余人。

裕谦又鉴于以前养济院（官办收养鳏寡孤独和乞丐的机构）收养孤儿，不独经费不足给，屋宇不足容，而且院中人皆未能自为衣食，必需抚而育之，势必非另设一局不可，便利用育婴堂多余房屋，办了一所恤孤局。育婴堂收养 3 岁以下乳婴，恤孤局所收孤儿则未及 10 岁。恤孤局共有 8 间号房，每间号房住孤儿 20 人。

咸丰初年，经兵燹之后，百事变更，独有善举得以延续。育婴堂虽然经费已经耗失，但房屋未毁，裕谦所撰《育婴堂筹增经费》碑尚存。管理者试图修废举坠，还其规模，邑人龙纪官捐屋一所，岁取租银以助经费之不足。是举足见好善之心，古今所同。

民国时，育婴堂在巡道岭重建，未设恤孤局。

博尔济吉特·班第及其曾孙裕谦，均为蒙古族爱国将领。班第于乾隆二十年（1755）为定边将军，率军西征，被准噶尔叛军包围，自刎殉国，谥“义烈”。裕谦于道光二十年（1840）鸦片战争爆发时，以江苏巡抚兼署两江总督守卫浙江海防，在镇海失守后，跳入泮池，壮烈殉国，追赠太子太保，谥“靖节”。

此外，还有民间人士开办的善堂。如，在武胜门街有普安堂，在贡院东有聚善堂，在得胜桥有滋生堂，在正卫街有卫生堂等。据《湖北通志》载：“以上各堂均地方绅民公建，所设义学、水龙、送诊、种痘、施药、施棺、救生船、义冢，视其经费盈绌，办理三五事不等。”

道光十七年（1837）

林则徐修建丰备仓

民国《湖北通志》记载："武昌府丰备仓在城内东北隅昙华林，道光十七年湖广总督林则徐建。"

同治《江夏县志》谓系道光十九年（1839）建乃误，道光十九年林则徐已赴广东禁烟。

丰备仓又称"丰备义仓"，最早源于安徽。道光初年，时任安徽巡抚的陶澍鉴于已有之常平仓和社仓的不足，试行因地制宜、由绅民自理的新义仓，因其具有"以丰岁之有余，备荒年之不足"的作用，故称之为"丰备义仓"。道光十五年（1835），时任江苏巡抚的林则徐采纳两江总督陶澍的建议，用上年赈灾捐款余资，在苏州巡抚衙门最后一进旧屋建成苏州丰备义仓，有大小廒座（谷仓）10间，并陆续购谷存放，以备灾年救荒之用。

道光十七年（1837）林则徐任湖广总督后，将江苏经验用于湖北，在武昌昙华林建成丰备仓，并不断扩大。其日记记载，道光十八年十月"初五日……饭后赴义仓，同抚军率属履勘新建仓屋"。说明他在离任赴京前几天，还在为扩大丰备仓操劳。

林则徐所建仓廒共195间。咸丰初年太平军来，将仓中粮食掳掠一空。咸丰七年（1857），湖北巡抚胡林翼借拨湖南湘潭、衡阳二县仓谷

林则徐所建苏州丰备义仓旧址

4 万石存入。咸丰九年（1859），湖广总督官文和湖北巡抚胡林翼增建仓廒 60 间。旋设捐米局，以谷代米，储至十余万石，以充军食，并济灾赈。光绪三年（1877），湖广总督李瀚章续增 72 间，称为新仓，将林则徐所建仓廒称为老仓，饬司局筹款积谷，8 年存谷 166 880 石有奇，统由盐法武昌道经管，委州县官一员驻仓办理。

道光末年

张杲作诗咏“鄂城八景”

张杲，字子曙。江夏人。自幼聪颖，得父母钟爱。喜吟咏，出语能惊人。9 岁应童子试，学使见其诗文有水平，很是欣赏，本想收入县学为弟子员，既而又说应该让其磨练，使之臻于老道，当时未能上学，直到 18 岁始入学。寻以刻苦治学，写得一手好文章，被时人誉为“鄂城三支笔”之一。然得咯血病，英年早逝。张杲之兄将其诗文编为《昙花遗稿》，以此纪念“昙花一现”的江夏才子。该书中的《黄鹤楼赋》后被收入《湖北文征》。

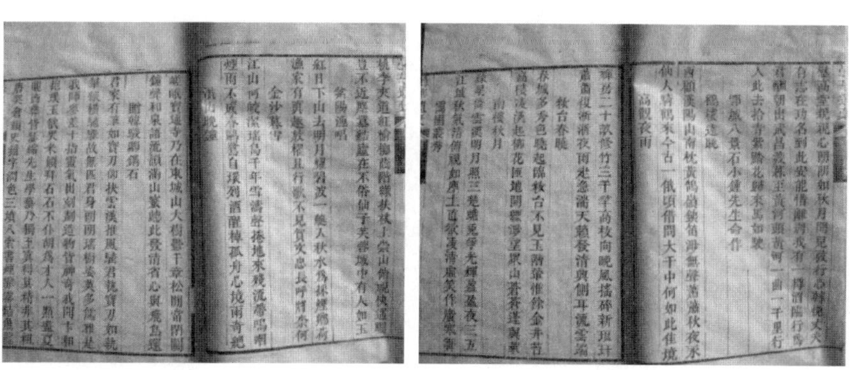

张杲《昙花遗稿 · 鄂城八景》书影

张杲《昙花遗稿》中有诗歌咏“鄂城八景”，分别是“鹤楼远眺”“高观夜雨”“妆台春晓”“南楼秋月”“霭园丛秀”“紫阳渔唱”“金沙暮雪”“洪山晚钟”。其中,《霭园丛秀》一首描摹了刘家花园的景色：

桃李夹道红，榆柳荫阶绿，
扶杖上崇山，俯视快遥瞩。
岂不近尘嚣，结庐在不俗。
仙子芙蓉城，中有人如玉。

清咸丰初年

太平军摧毁昙华林一带历史建筑

道光三十年十二月初十日（1851年1月11日），洪秀全在广西金田起义后，率领太平军挥师北上，于咸丰二年十一月初三日（1852年12月13日）攻占岳州（今岳阳）。初五日（15日），消息传来武昌，武昌官民加强防守，先毁城外民房，紧闭城门。十二日（22日），汉阳失守。翌日，太平军大队自陆路至，占领城东钵盂山、洪山、小龟山、紫荆山，围攻文昌、望山、保安、中和、宾阳、忠孝、武胜等门。十九日（29日）夜三鼓，太平军以长竿举草人攻武胜门，城上炮石齐下，太平军退去。后太平军架浮桥从汉阳攻上武昌岸，在掘地道炸毁文昌门后，攻入城内。江夏知县绣麟于十二月初四日（1853年1月12日）率儿子、仆从和义勇数十人奔赴武胜门堵御，激战之中与其子等阵亡。太平军至，前监利知县彭凤池守武胜门，持刀力拒，杀敌数人，身受重伤，卧地不起，三天后仆人在积尸中发现其气奄奄未绝，背回家中。彭凤池当晚自缢而死，妻妾儿子同死。武昌城当天陷落。粮储道库大使钟秉权守卫粮库被戕，一家八口自缢。初十日（18日），太平军设进贡公所，使民间进贡，进贡者依然为民，仍各归本业。十一日（19日），太平军在阅马厂建高台"讲道理"，次日在贡院点名。后命民众将各仓谷米挑到江中船上，丰备仓积谷最多，太平军走后犹余数百石。又将布政司广储库银 70 余万、粮储道库银 10 余万，连同盐道、府县库银总计约百万，悉数搬运一空。咸丰三年大年初二（1853 年 2 月 9 日），太平军分水陆两路从武昌东下，清军进入武昌。昙华林一带第一次受到战火破坏，有明确记载，江汉书院就是毁于此时。

咸丰四年六月初二日（1854 年 6 月 26 日），西征的太平军在陈玉成的指挥下再次攻占武昌城，出武胜门督战的湖北巡抚青麟被击败逃走，旋被清廷处死。八月二十三日（10 月 14 日），曾国藩率领的湘军收复武昌。这是昙华林第二次遭到战火的破坏，昙花林寺庙就是毁于此时。

咸丰五年二月十七日(1855 年 4 月 3 日），太平军第三次攻占武昌。塘角和武胜门又是双方激烈争夺的战场。湘军为收复武昌，不断攻城，双方攻防战前后 600 多天，直到咸丰六年十一月二十二日（1856 年 12 月 19 日）太平军因天京事变影响而自行退出武昌。昙华林一带第三次遭到战火的破坏。

兵燹只是昙华林一带遭受破坏的原因之一，对清政府的痛恨和对儒家文化的贬斥，也是太平军所到之处包括昙华林在内地区的官衙、卫所、孔庙、学宫、寺观被焚毁的重要原因。丰备仓等粮仓的粮食当然成了太平军的给养。这就导致昙华林一带明清建筑保存较少，现存的历史建筑多为近现代所建。太平军对儒家典籍的破坏也十分严重，所谓“搜得藏书论担挑，行过厕溷随手抛，抛之不及用火烧，烧之不及用水浇”，搞得武昌城里“书卷飘零满街隅”。曾国藩在《讨粤匪檄》中申讨道：太平军“举中国数千年礼义人伦诗书典则，一旦扫地荡尽”，“所过郡县，先毁庙宇，即忠臣义士如关帝岳王之凛凛，亦皆污其宫室，残其身首。以至佛寺、道院、城隍、社坛，无庙不焚，无像不灭”。

咸丰八年（1858）

曾国藩题匾“惟楚有材”

是年，湖广总督官文、湖北巡抚胡林翼檄府、州、县富绅捐资重修贡院。据《曾国藩日记》记载，当年六月曾国藩来到武昌，适逢新贡院、新牌楼落成以及即将举行科考的盛事，受邀为贡院书写匾额。六月二十八日记：“早，写贡院扁，至午刻毕。”七月初一日记：“早，会客三次。饭后写贡院扁十余块，午正毕。”日记中所说的曾国藩所写匾额

“惟楚有材”牌楼

是否就是牌楼上的“惟楚有材”，目前尚无材料可资遽断。然而，将牌楼上“惟楚有材”字迹与曾国藩所书《临江仙词》比较，两者的结体与笔意确有诸多仿佛之处。不过，曾氏平生勤写好书，贡院匾额由他包干也似无不可，若果真如此，两天内写的“十余块”匾中必有“惟楚有材”一块，这是由于曾国藩的身份与牌楼的显要性使然。（邵学海:《“惟楚有材”考略》,《江汉论坛》2004 年第 5 期）

此牌楼在 90 年后，即 1948 年被拍摄下来，又 10 年倾覆。咸丰八年（1858）重修的贡院牌楼存世刚好 100 年。

咸丰九年（1859）

粮道街建昭忠祠

清乾隆年间规定：因战阵亡或伤故且军功卓著者，建祠“以昭忠烈”，或赐葬建墓“以彰其美”。对官阶在总兵以上的阵亡将领，由地方奏准朝廷建专祠，级别稍低者“入祠附祀”。因此，各地均建有昭忠祠等。昙华林地区即建有昭忠祠、表忠祠。

咸丰年间，太平军三克武昌，清军官兵死伤累累。咸丰九年（1859），湖广总督具册上奏，获准“旌恤祠祀者，不下六七万人”。当时因原有各祠或毁于战火，或“无法容跻”更多死者名牌，总督乃倡议筹资在粮道街左卫署旧址建新祠，入祀阵亡文武官员和兵勇。昭忠祠修建有四栋殿宇，主殿为六排五柱建筑，占地约 1 400 平方米，足见其规模宏大。

清同治元年（1862）

明位笃在花园山建崇正书院

明位笃（Eustachio Vito Modesto Zanoli，1831—1883），意大利摩德纳人，天主教方济会会士。1847 年加入方济会，1854 年晋升司铎。清咸丰六年（1856）来华，服务于天主教湖北代牧区。次年被罗马教廷委任为天主教湖北代牧区助理主教，拥有本教区主教的继承权。咸丰十一年（1861），接受年事已高的教区主教徐伯达的祝圣，次年徐伯达去世，明位笃继任。此后明位笃一直在湖北传教，先后建有武昌花园山主教公署、大修院和汉口圣约瑟堂、圣约瑟医院。同治九年（1870），湖北代牧区一分为三，明位笃被任命为鄂东代牧区主教。在他病逝后，由江成德继任。

第二次鸦片战争结束后，清政府与列强分别签订了不平等的《北京条约》，法国通过《北京条约》迫使清政府同意天主教自由传教、赔还教产，使教会势力得以急剧扩张。刚刚继任湖北代牧区主教的明位笃，根据条约，通过法国驻华公使索还教产，要回了天主教会在武汉的产业，并得到 3 万银元赔偿。他用这笔钱在武昌花园山购置大片地皮，开始大兴土木。按照教会教育程序，培养一个合格的神父，一般需要经过信众在备修院学习，然后进入小修院接受修士教育，再在大修院培训晋铎。为培养神父，明位笃在花园山修建了崇正书院，作为湖北代牧区和后来的鄂东代牧区的大修院。

明位笃像

花园山天主教主教公署旧址（现为天主教中南神哲学院）

光绪六年（1880），崇正书院拆除，在崇正书院基址上修建规模宏大的主教公署，同年将柏泉和汉阳的修院合并迁到此地，并将主教公署从荒僻的应城乡村王家榨迁到这里。

花园山主教公署是明位笃委托方济会会士江成德设计并主持修建的，光绪八年（1882）落成。建成后的天主教鄂东代牧区主教公署高踞花园山，坐北朝南，为欧式古典主义建筑，砖木结构。地上两层，底有架空层。三段式正立面，左右对称，稳重简洁，一楼以券拱外廊相连，正中外廊五开间，柱廊微凸。二层无外廊，以方窗朝外。主入口顶部饰以三角形山花，正中嵌罗马字时钟。据称，建成时设置有 30 套房间，崇正书院（大修院）搬进公署中，并配备有图书馆，陈列中外书籍上万卷。1921 年，崇正书院被改为“两湖神哲学院”，翌年迁往湖北荆州。后来，在主教公署内还开办过武昌圣安多尼小修院和中修院。1983 年，在此成立了“天主教中南神哲学院”。

主教公署、大修院旧址是武汉市一级优秀历史建筑，位于武昌花园山 2 号。

同治三年（1864）

杨格非建基督教崇真堂

杨格非像

杨格非（Griffith John，1831—1912），又译作杨约翰、杨笃信，生于英国威尔士，英国基督教新教伦敦会传教士。1855年成为牧师，同年来华传教，直至去世前夕，在华前后50余年。杨格非著译丰富，除译《新约》为汉文外，还著有《对中国的期望》《关于鸦片贸易的简明回答》和《中国的呼声》等书。

《北京条约》的签订，打开了传教士深入中国内地传教的方便之门。咸丰十一年（1861），杨格非从上海前来汉口，成为首位进入华中地区的基督教传教士。次年，循道会传教士郭修理也从广东来汉，为争夺教民，杨、郭划分了各自传教区。杨格非还以极大毅力学习汉语，能够娴熟使用中文写作与演讲，其雄辩的口才，为他赢得了“街头布道家”的称号。他与同仁在湖北建了超过100个传教点，开办多所学校、医院。位于昙华林戈甲营的基督教崇真堂，就是杨格非创办的教堂之一。

崇真堂（左外观，右内景）

同治三年六月（1864 年 7 月），在汉口英国领事的支持下，杨格非与湖北当局反复交涉，终于在武昌戈甲营购得一块土地，建造了基督教在湖北省城的第一所教堂崇真堂，这对于基督教扩大影响力、吸收教民具有重要意义。

崇真堂的建筑主体，平面为长条线形，可以容纳 400 人做礼拜。建成之后，堂牧一直由华籍牧师担任。1958 年实行联合礼拜后，崇真堂宗教活动停止，房屋建筑被用作纸厂仓库。直到 2000 年 11 月，崇真堂才恢复宗教活动。

同治五年（1866）后

胡凤丹经营紫藤仙馆

据胡凤丹《退补斋文存》卷六《紫藤仙馆图记》载：胡凤丹于同治五年（1866）由安徽来鄂，以道员补用，综理厘局，后兼理湖北官书局事。初来时，胡凤丹暂住都府堤一间小屋，后于候补街侧黄家巷正觉寺附近购得一片房屋，有40余间，园亭楼舍皆有，十分宽阔。入门而北为厅，厅之外有廊，绕廊而东有小园。南面则有广厦三楹，轩窗四启，夏可招凉，冬可纳日，原来题额为“崇山叠翠”，胡氏将其移至厅檐下。檐前有藤花一架，两株大树下荫碧满地，屈曲如虬龙状，有百余年树龄。胡凤丹另题其额曰“紫藤仙馆”，请郭仙坡书之。其前叠石为山，形状诡谲，嵌空玲珑，恍如灵鹫飞来，别有境界。穿石而西，有小屋一间，题额曰“学书山房”。复折而西，有一重园门，曰“蓬门”。入门则庭宇修洁，又有书屋，窗明几净，云破月来，颇得幽深之趣。经阶南上，有亭一座，亭前古藤一株，枯而复生。藤下芭蕉掩映，绿满窗棂。东接长廊，有修竹百余竿，清荫可掬。入一轩，额曰“座中佳士”。又东行二十余步许，有一座凉亭，其下凿地为池，架石为梁，清澈可鉴。循廊稍北，朱栏一曲，拾级而上，有小楼一座，原主人说是仙灵所住之处。楼下有井，深数丈，水淡而香，四时不竭。迤北当门有石，曲径斜通，有室二楹，一曰“三声草舍”，移置西厅上，读书声、纺织声、儿

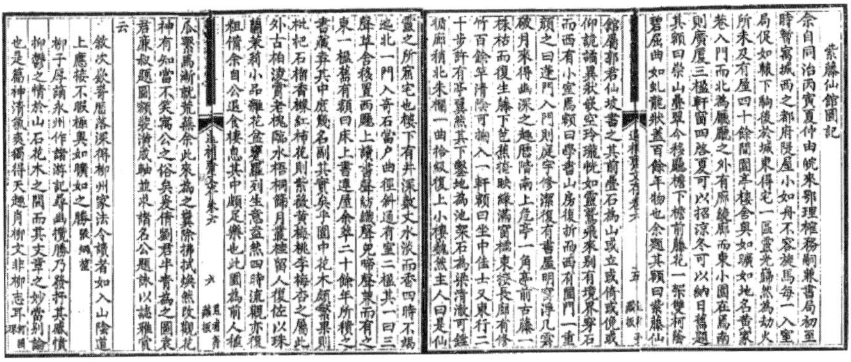

紫藤仙館圖記

余自同治丙寅夏仲由皖來鄂理榷務嗣兼書局初至時暫寓城西之都府隄屋小如舟不容旋馬每一入室局促如轅下駒後於城東得宅一區靈光巋然爲劫火所未及有屋四十餘間園亭樓舍奧如曠如地名黄家巷入門而北爲廳廳之外有廊繞廊而東小園在焉南則廣廈三楹軒窗四啓夏可以招涼冬可以納日舊題其額曰崇山疊翠今移廳檐下檐前藤花一架雙柯蔭碧屈曲如虬龍狀蓋百餘年物也余題其額曰紫藤仙館屬鄂郡君仙坡書之其前疊石爲山或立或倚或俛或仰詭譎異狀嵌空玲瓏如靈鷲飛來別有境界穿石而西有小室焉額曰學書山房復折而西有圓門一重額之曰蓬門入門則庭宇修潔復有書屋明窗淨几霽破月來得幽深之趣歷階南上危亭一角亭前古藤一株枯而復生藤下芭蕉掩映綠滿窗櫺東接長廊有脩竹百餘竿清陰可掬入一軒額曰坐中佳士又東行二十步許有亭巋然其下鑿地爲池架石爲梁清澈可鑑循廊稍北朱欄一曲拾級復上小樓巍然主人曰是仙靈之所寓宅也樓下有井深數丈水淡而香四時不竭迤北一門入奇石當户曲徑斜通有室二楹其一曰三聲草舍移置西廳上讀書聲紡織聲兒啼聲兼而有之東一楹舊有額曰床上書連屋余萃二十餘年所積之書藏弆其中庶幾名副其實矣乎園中花木頗繁果則枇杷石榴香櫞紅柿花則紫薇黄梅桃李梅杏之屬此外古柏凌霄老槐臨水梧桐篩月叢桂留人復佐以珠蘭茉莉小品雜花盆盎羅列生意盎然四時流觀亦復粗備余自公退食棲息其中頗足樂也此園爲前人種瓜繫馬漸就荒蕪余此來爲之芟除拂拭煥然改觀花神有知當不笑寓公之俗矣爰倩劉君半青爲之圖袁君廉叔題圖額裝潢成軸並求諸名公題詠以誌雅賞云

敘次欽菁應落深得柳州家法令讀者如入山陰道上應接不暇極奧如曠如之勝 張炳堃

柳子厚謫永州作諸游記寫幽攬勝乃發抒其感憤抑鬱之情於山石花木之間而其文章之妙當別論也是篇神清氣爽獨得天趣肖柳文非柳志耳

《退补斋文存 · 紫藤仙馆图记》书影

啼声兼而有之；一曰“床上书连屋”，胡凤丹将自己二十多年所搜集的书籍收藏其中，得以名副其实。园中花木颇繁，枇杷、石榴、香橼、红柿、紫薇、黄梅、桃、李、杏等花果皆有。此外，古柏凌霄，老槐临水，梧桐筛月，丛桂留人，复有珠兰、茉莉，小品杂花，盆瓮罗列，生意盎然，基本上可以四时观赏。胡凤丹下班后在此起居，颇足乐矣。此园为前人种瓜系马，渐已荒芜。胡凤丹来后，打扫、整理，焕然改观。他请刘半青为之绘图、袁廉叔题图额，装潢成轴，并求诸名士雅赏题咏，留作纪念，自己则撰写了《图记》。

同治六年（1867）

正觉寺内创办崇文书局

晚清咸同年间，由于南方兵燹不断，无论官私藏书皆损失严重，一般士子缺乏学习读本。江苏学政鲍源深深感“寒畯亦无书可读，于是厘订新章咨部，并疏请开局，重刊钦定经史诸书，以惠多士，得旨允行”。湖广总督李瀚章、湖北巡抚曾国荃遵旨在府后街（即候补街）正觉寺内开设官书局。旋将前任巡抚胡林翼及鄂耆们咸丰九年（1859）办于汉口的崇文书局收并过来，改名为湖北崇文书局。为把崇文书局办成具有商业赢利性和现代色彩的书局，有关经费筹措、校雠人选、官员提调，均由李瀚章直接督办。当时侨居正觉寺隔壁的浙江永康人胡凤丹喜藏书，李瀚章遂邀其创办崇文书局，领补用道衔，为书局督校，并主管经营。胡凤丹不负重托，搜求秘藏遗书，悉心校订，于同治六年（1867）至光绪三年（1877）10年间刊成经史子集237种。所出之书，海内视为佳本。

同治八年（1869），随着业务扩大，胡凤丹等募捐2 000多两白银对正觉寺进行重修。将寺前三间改为天王殿，殿外余地建钟楼，楼前新添山门，东西各构瓦屋12间，对外出租以供香火和僧人膳资。门内侧官书局三楹，东厢十余间为寺僧住所。厢外有院，大雄宝殿两侧两偏殿建东西藏书楼，以作校勘之用。殿后有听经阁，阁西又有藏书楼5间。

围墙后有大院，左右都是矮屋，是刻工的工作场所。正觉寺成了寺局合一之地，后因刻书增多，板片储藏困难，胡凤丹力请当局拨款，添造书楼 4 所。

官书局负有教化地方之责，主要是为嘉惠士林，不以营利为目的。书成即颁发各书院，并准许“穷乡寒儒、书肆贾人随时印刷，以广流传”。为了方便邦人读书稽古，书价极廉，后工料腾贵，原价又不便更改，所以不免亏折。官书局章程中体现的高高在上姿态，也是官书局经营清淡的原因：“售书价值照详定章程，不折不扣”，“先交书价，再行发书，概不赊欠”，“购书交价，自行搬取，概不挑送”。光绪十五年（1889）湖广总督张之洞上任后，十分重视官书局的运转，曾从善后局拨出银两补贴崇文书局经费。此后，绌于经费，湖北官书局境况一直不佳。

湖北官书局开业后，先后刻印儒家经典等，还与其他书局合刻《二十四史》，也刻了不少全国及湖北舆地书籍及部分政书。胡凤丹亲自校勘的经、史、小学的书籍就有 60 多种，自称：“奉诏开书局，琐屑招手民。旦暮雠亥豕，日与古人亲。”书局当时设备齐全，经常有

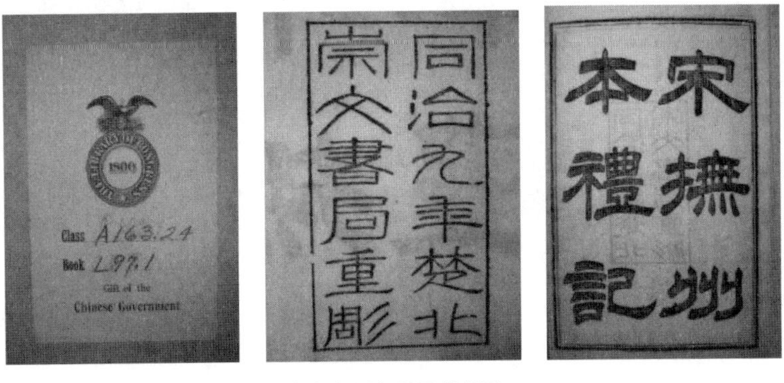

1904 年，圣路易斯万国博览会崇文书局参展图书书影

六七十人同时操作，书局板片积累 250 余种，共 144 700 余号，雕刻工艺非常精致，其他书局难及项背。1904 年美国圣路易斯举行万国博览会，张之洞将湖北官书局的经籍刻本送去参展，获得博览会大奖(Grand Prize)。值得一提的是，书局石印地图，幅面很大，不少成为地图精品。

书局开办后，刻书三四百种，流布甚广，成为当时著名的官书局之一。左宗棠治军西北时，曾专门订购崇文书局刻本。

武昌辛亥首义时，驻扎在正觉寺内的清兵把官书局大批存书、板片当作薪柴付诸一炬，书局受到很大破坏。

1925 年，湖北官书局改为湖北省立官书处，由正觉寺内迁到胭脂路旁巡道岭（现武汉胶管厂旧址）。北伐时，官书处曾短暂停业。

1928 年，湖北官书处奉省政府令，从杨承禧家提取《湖北通志》板片 94 架进行整理，并竭力筹措资金，于 1930 年将《湖北通志》印行了 100 部。

1936 年，当局撤销官书处，命将 7 万多块板片、1 万多册书籍移交到湖北省图书馆，官书处旧址改为湖北省图书馆崇文书局保管处。不久，全面抗战爆发，省图书馆人员携古籍珍本及一部分板片迁往秭归，继而又搬到恩施。书局保管处由于原有房屋破烂不堪，曾将局中板片搬到粮道街原二小及四十小分部内，但是留在武昌的大部分书籍、板片都落到了日本人手中。

同治七年（1868）

杨格非创办仁济医院

英国伦敦会传教士杨格非到湖北开堂传教50余年，为取信民众，迅速打开局面，他以看病施药、教书识字作为传教的辅助手段。清同治三年（1864），他在武昌戈甲营开办崇真堂后，即随堂附设义塾和诊所，为教民和附近居民服务。同治七年（1868），他将义塾和诊所迁到昙华

仁济医院旧址

林，并进行扩建。这所医院在光绪九年（1883）正式改名仁济医院，弘扬基督教“仁爱济世”的宗旨。光绪二十一年（1895），医院进行了一次改建，基本形成现在格局。

宣统三年（1911）辛亥武昌起义爆发，在随后进行的阳夏保卫战中，不少受伤的军民得到仁济医院的无偿救护。1931 年，武汉遭遇罕见的大洪水，仁济医院曾是英国红十字会的华中赈灾中心。1938 年武汉沦陷后，这里曾是日军医院。1953 年，医院被武汉市卫生局接管，主楼作为湖北省中医院图书馆，辅楼曾作为职工宿舍。

需要指出的是，同治五年（1866）杨格非在汉口后花楼街创办了汉口伦敦会医院，也叫仁济医院，汉口仁济医院是今天武汉协和医院的前身。

武昌仁济医院旧址保存完好，为英格兰古典主义风格建筑。主楼为砖木结构，底层为连续罗马券拱廊，上层为简化多立克柱廊。门诊部平面矩形，上下两层均回廊环绕；辅楼平面呈“凹”字形，中间是下沉式庭院。1993 年，仁济医院被武汉市政府公布为优秀历史建筑。

圣约瑟诊所创办

嘉诺撒仁爱修女会是国际性差会，1808 年在意大利嘉诺撒（Canossa）成立，1860 年到香港传教。同治七年（1868），该会应天主教湖北代牧区主教明位笃的邀请，派遣 6 名修女来到武昌，这是天主教传入湖北以来首次出现的外国修女。此后，该会从意大利派遣的修女逐年增多，最多时超过 40 人。

该会到达武昌后，在花园山南麓创办了圣约瑟诊所，为教民和居民

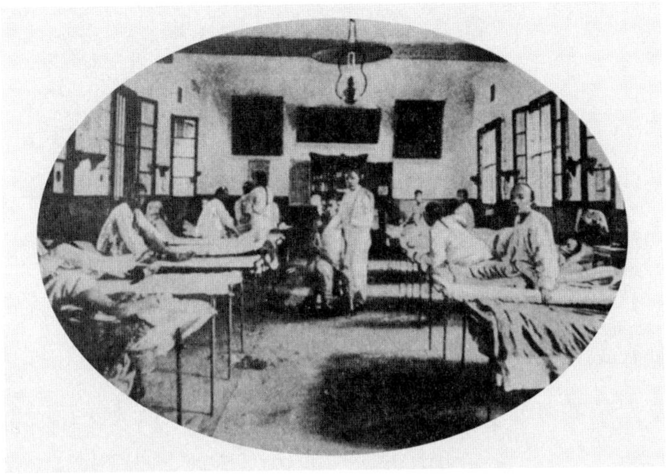

清末武汉教会医院病房

施药问诊。光绪六年（1880），明位笃在汉口修建了汉口圣约瑟医院，嘉诺撒仁爱修女会便将重心转移到了汉口。光绪十四年（1888）江成德主教扩建了汉口圣约瑟医院和武昌圣约瑟诊所，扩建后的武昌圣约瑟诊所更名为汉口圣约瑟医院武昌分院，并在分院附近开设育婴堂、教理班和工艺所等。

1928年，美国俄亥俄州天主教地方修会受武昌监牧区监牧艾原道邀请，差派北美仁爱修女会来武昌，接管了嘉诺撒仁爱修女会的汉口圣约瑟医院武昌分院，在花园山南麓加以扩建，形成了武昌圣约瑟医院（即今湖北省中医院的前身）。1948年，武昌圣约瑟医院再次扩建，新建了四层高的住院部大楼。1951年，政府接管医院，改组更名为湖北医院。1961年，成为湖北省中医学院附属医院。2002年，与湖北省中医药研究院合并，组建“湖北省中医院”。

基督教圣诞堂建成

清同治七年（1868），基督教美国圣公会主教文惠廉（美国圣公会第一位来华传教的主教文惠廉之子，亦称小文惠廉）在中国籍牧师颜永京陪同下来到武昌，在城东北角（昙华林）购置地皮，建成一座小教堂，在1870年（同治九年）圣诞节正式启用，故名“圣诞堂”。外国教会在武昌昙华林建有不少教会学校，按惯例会在校园内设立教堂，以方便信教师生做礼拜。该堂建成以后，就成为美国圣公会所办“文华书院—文华大学—华中大学”的校内教堂，是武汉市教会学校坚持宗教礼仪时间最长的一座教堂。从建成之日到1951年止，礼拜活动持续了80余年。

基督教圣诞堂

基督教圣诞堂为古希腊神庙廊柱式建筑，门廊正面突出，有山花门楣，长厅单层，三面外廊立柱环绕，端庄凝重。而铁瓦重檐又带有中国传统建筑特征。该堂建筑面积533平方米。2002年该堂维修，地面由木板改为大理石，拱券门改为方门。后为湖北省中医学院5号楼。1993年，该堂被武汉市政府公布为优秀历史建筑。

同治九年（1870）

候补街建表忠祠

据《清史稿·吉礼六》记载："'以死勤事则祀之'。于以崇德报功，风厉忠节。""将帅之臣，守土之官，没身捍国"，都可以立祠祭祀。在昙华林，这样的纪念性祠堂有两座，其一是前面介绍过的昭忠祠，祭祀与太平军作战死去的清军下级军官和士兵；其二是表忠祠，入祀"尽忠报国之功臣"，为正七品以上官员，共计22名。

表忠祠在同治九年(1870)建成，位于候补街与黄家巷交接处的西边。每年春秋仲月，选择吉日，武昌府和江夏县地方官到表忠祠致祭，用以教化民众报效朝廷、尽忠国家。其中入祀官阶最高的是清湖广总督吴文镕，据载，咸丰四年（1854）吴文镕督师黄州，为太平军所击溃，投水而亡。清政府表彰其劳绩，谥"文节"，在京师昭忠祠入祀。后来曾国藩进兵黄州，了解到吴文镕督师艰苦情状，认为其失败是湖北巡抚崇纶掣肘所致，为吴辩白，经清政府同意，又在湖北建专祠以祭祀之。其余人员还有湖北巡抚陶恩培、浙江宁绍台道罗泽南、安徽布政使刘裕钤、江苏候补道温绍原、湖北按察使瑞元、黄州知府金云门、江夏知县绣麟等。

1912年中华民国成立后，清朝设立的表忠祠祭祀功能逐渐淡化，无人管理，其建筑被改作他用。如今，表忠祠遗址已成为候补街小学校园。

同治十年（1871）

文华书院创办

美国圣公会认为教育中国青年一代是该会的重要职责，第一位来华主教文惠廉于清道光二十五年（1845）到上海后，就创办了教会男童学校，即圣约翰书院（圣约翰大学前身）。同治五年（1866），圣公会决定在华中地区以武昌为中心传教，传播上帝的“福音”。同治七年（1868），武昌圣诞堂修建。次年，已升任圣公会汉口教区会长的颜永京参与筹办文华书院，作为该会上海圣约翰书院的姊妹学校。同治十年（1871），小文惠廉再次来武昌，在昙华林原来买的那片土地上开办了圣公会男童寄宿学校。为了纪念其父文惠廉（William Jones Boone）主教，学校定名为 The Boone Memorial School（文氏纪念学堂）。同治十二年（1873），该校有了中文名“文华书院”，除了纪念文惠廉主教外，还含有中国传统文化中“文章华国，诗礼传家”的意思。“文章华国”出自宋代诗人滕岑父《和岑子上郑广文诗》：“文章可华国，谁云只小技。”当地民众一般称其为“大义学堂”。文华书院是武昌第一所教会学校，也是中国内地第一所新式学校。

文华书院开办之初，中国民众对此并无热情，原定招生名额 30 人，几乎无人报名。学校为吸引学员，开出免收学费和住宿费，给予衣食，每人每天还发 6 个铜板的优惠条件。直到同治十二年（1873），学生人

文华书院早期建筑

1899 年文华书院毕业生

数才达到30人的定额。学校课程以《圣经》和四书五经为主，并有严格的基督教仪式，后来增设神学班、英语课程。

光绪十六年（1890），按在华基督教传教士第二次全国代表大会的精神：真正的教会学校，其作用并不只是单纯传授宗教知识，还要给学生以智慧和道德的训练，使其成为社会上及教会中有地位的人物，成为普通民众的导师和领袖。据此，文华书院升格为新式中学教育，学制改为6年。当年，学校英语部成立，新增西方历史、地理、数学等课程，体育成为学生日常生活的一部分。光绪二十六年（1900），义和团运动兴起，文华书院关闭半年。翌年，翟雅各任文华书院校长期间，举办了武汉地区首次校际运动会。光绪二十九年（1903），文华书院成立大学部，学制3年。韦棣华在文华书院创办了图书馆。宣统元年（1909），文华书院在美国哥伦比亚特区注册，学校定名为“文华大学校”。1924年，在汉各教会代表开会决定开办一所联合大学，以文华大学校为基础，开办了华中大学。

文华书院走出了很多名人，如黄吉亭、韦卓民、余日章、卢春荣等。

同治十三年（1874）

布伦女校创办

美国圣公会在武昌除了创办文华书院外，又于同治十三年（1874）在书院中办起布伦女校，开办经费来自圣公会会徒布伦小姐的慷慨捐资。她捐献了 4 513 美元，该女校因而以其姓氏命名。布伦女校位于昙华林鼓架坡。

文华书院最初招收的学生都是男生，而布伦女校的开办使女孩有了受教育的机会。但女校招生情况一直不理想，校舍本可容纳 40 名学生，最初仅有 4 名女生入校，此后长期也只有 10 余名学生。

布伦女校虽然小，但它在职业课程上很有特点。根据女子的身心特点，上午读中国传统的四书五经和基督教《圣经》，下午安排学习缝纫、洗衣、烹饪等课程。

圣希理达女学宿舍

光绪二十五年（1899），布伦女校更名为圣希理达女子学校，逐渐发展成为一所教会女子中学。学校反对女子缠足，也对西方民主思潮进行了介绍。清末，该校迁至武昌小东门外。

教会办学，一般是男女双校并建，布伦女校是相对于文华书院而建。在 20 世纪 20 年代，有民谚形容圣公会开办的这两所学校："希理达，配文华，不要媒人自由嫁。"

中国科学院院士、复旦大学校长谢希德曾就读于该校。

清光绪元年（1875）

圣彼得医院创办

借医疗卫生事业传教，是美国圣公会扩大教会影响力的重要手段。光绪元年（1875），圣公会在文华书院内创办圣彼得医院（St. Peter's Hospital），作为校医院。

宣统三年（1911），辛亥革命爆发，美国圣公会主教吴德施亲自指挥医院全体医护人员及所属各堂教牧员工，救护受伤的起义军及老百姓。为感谢美国圣公会对革命军的支持，1912 年，中华民国副总统兼鄂军都督府都督黎元洪特赠美国圣公会传教士、吴德施夫人顾美玉一枚奖章，并将武昌平阅路（今彭刘杨路）原满族贵族的一座大花园，拨给圣彼得医院作为新院址。自此，圣彼得医院脱离文华书院，单独设立。

新院的改造扩建由荣记营造厂承担，造价 30 万银元，直到 1918 年方才完工，定名为圣公会同仁医院。起初分男、女两院，设病床 60 张，有职工 20 余人。1927 年，两院合并。1938 年，住院部迁往汉口五福路。1941 年医院停办，抗战胜利后恢复。1949 年后，外籍医务人员回国。1951 年，武汉市卫生局接管该医院，改为武汉市第一工人医院。1958 年更名为武汉市第三医院，后更名湖北医科大学附属同仁医院、武汉大学医学院同仁医院。

光绪七年（1881）

报载昙华林民间俗呼“桃花岭”或“桃花林”

据光绪七年正月十四日（1881年2月12日）《申报》报道，当时寄居武昌的陶姓老妇及婢女身死，江夏知县出示悬赏缉凶。其告示曰：“钦加三品衔湖北补用府调补钟祥县署江夏县正堂加四级随带加一级记录三次熊为悬赏缉拿事：去年腊月初六日，据新兴一铺保正黄连泰报，大冶县人在省城昙华林（俗呼为‘桃花岭’）居住之马陶氏与婢玉环，不知因何被人勒闭身死等情。据此，除会营勘验并选差严缉外，合行悬赏缉拿。为此，示仰各色人等知悉，尔等如能拿获此案凶犯者赏银一百两，如能知此案踪迹报信者赏银四十两。此银封存在库，决不食言，其各遵照毋违。特示。”

光绪八年三月十一日（1882年4月28日）《申报》后续报道称，此案告破，马陶氏系被其侄孙马七、马八谋害，已将凶犯于武胜门外湖边处决，一犯凌迟，一犯枭首，分别悬挂桃花林地方和递解马姓原籍武昌县金牛地方示众。

可知，当时昙华林在民间口传谐音为“桃花岭”或“桃花林”。

光绪十一年（1885）

博文书院创办

光绪十一年（1885），英国循道会租用贡院西边的一所公馆创办了博文书院（Wesley College WuChang）。光绪十六年（1890）迁书院街新建校舍，并建教堂。光绪三十三年（1907），因扩建省藏书馆，张之洞将博文书院迁至大东门城外重建校舍。1928 年，更名为博文中学。1952 年，博文中学、武昌中学、东湖中学三校合并为武昌第二中学，

迁至大东门城外的博文书院

1954 年定名为武汉市第十五中学。

与此校时间先后，还有一所著名的博文书院，于光绪十二年（1886）在天津创办，是由天津税务司德璀琳向李鸿章倡建的，“专习中国有益之西学”，主要造就翻译人才。后来在该校旧址创建了北洋大学堂（天津大学的前身）。

光绪十四年（1888）

江成德建嘉诺撒仁爱修女会武昌圣堂

嘉诺撒仁爱修女会武昌圣堂

嘉诺撒仁爱修女会来汉后，服务于医院、学校、育婴堂、养老院等机构，缺少开展宗教活动的礼拜堂。光绪十四年（1888），天主教主教、意大利籍方济会会士江成德在花园山营建礼拜堂，专门供修女聚会祈祷，外人不得擅入。该堂落成于复活节，因此奉复活耶稣为主保，教内称“嘉诺撒仁爱修女会武昌圣堂”。

该堂祭坛设在西部，正中供奉复活耶稣立像，左右分别为圣约瑟和圣母玛利亚。堂正门面对东方，单层砖木结构，占地150平方米，是典型的罗马风巴西利卡式建筑。圣堂西边建有天文台。

光绪十九年（1893），中国籍贞女加入天主教，江成德主教委托嘉诺撒仁爱修女会在圣堂举办修女培训班，坚持了十多年。宣统三年（1911），在修女培训班的基础上成立“中国训蒙修女会”，后该会迁至汉口。1926年，北伐军攻克武昌前夕，嘉诺撒仁爱修女会将教产全部处理给天主教武昌监牧区。中华人民共和国成立后，政府接管了花园山天主教教产。“文革”期间，圣堂旧址曾短暂为“反帝风雷战斗司令部”的造反派组织占用，后长期闲置。现已修复，被列为武汉市文物保护单位、武汉市颁布的第二批优秀历史建筑。

光绪十五年（1889）

江成德兴建花园山天主堂

天主教明位笃主教在花园山购买地皮营建主教公署和大修院后，缺少礼拜堂。他去世后，继任主教江成德于光绪十五年（1889）着手在主教公署西侧营建天主堂。由于该堂奉圣家（耶稣、玛利亚、约瑟）为主保，又名圣家堂，它是湖北天主教的主教座堂。

花园山天主堂

花园山天主堂主祭坛

圣家堂坐北朝南，为罗马风巴西利卡式建筑，堂高 20 米，进深 36 米，面阔 18 米，占地 600 平方米，可容纳千人礼拜。主祭坛供奉圣家三口油画像。东翼两祭坛供奉《耶稣牧羊图》和《圣方济各圣迹图》，西翼供奉《圣母升天图》和《圣安东尼圣迹图》。堂内顶部藻井装饰有贴金雕花图案，富丽堂皇。入口山花正中安放有日晷，新鲜奇特。

新中国成立后，圣家堂改作工厂，未遭破坏，1983 年修复开放。2005 年，该堂被公布为武汉市第二批优秀历史建筑。

光绪十六年（1890）

圣约瑟堂和义塾创建

修复后的圣约瑟学堂旧址

圣约瑟堂位于花园山南麓高家巷，光绪十六年（1890）由美国圣公会创建。吴德施受圣公会差派来武昌，光绪二十二年（1896）任高家巷圣约瑟堂堂牧，往来武昌、汉口从事传教活动。在他的支持下，光绪二十六年（1900）圣公会会吏黄吉亭、胡兰亭在圣约瑟堂成立“中华圣公会”。光绪二十八年（1902），圣约瑟堂堂牧黄吉亭调任长沙圣三一堂堂长，胡兰亭接任堂牧，将圣公会书报阅览室日知会迁往高家巷，聘任革命党人刘静庵为司理。刘静庵逐步将基督教会的阅览室变成革命党人集会的场所，并在此基础上成立了革命团体“日知会”。

基督教圣约瑟堂建成之际，还附设了义塾。光绪三十一年（1905）清末学制改革，义塾改名为圣约瑟学堂。该学堂后来成为革命团体日知会的驻地。在 1929 年以后的 20 年间，学堂改成了文华中学的二部（分校）。

目前圣约瑟学堂旧址保留，并进行了复原。

真理堂和真理小学兴建

瑞典行道会是 1878 年成立的瑞典基督教教派，它从具有路德宗背景的信义会中派生出来。光绪十六年（1890）圣诞节，该会差派的传教牧师韩宗盛等 4 人抵达武昌，开始了在湖北的传教活动。他们在武胜门正街兴建了真理堂和真理小学，1937 年改为真理中学，抗战胜利后停办。

瑞典行道会主任牧师楼（左为旧照，右为今貌）

真理中学旧址

瑞典行道会还在螃蟹岬南麓购置地皮，建造了一组具有北欧风情的建筑群，包括教堂、学校、诊所、办公楼和住宅，总建筑面积达1746.66 平方米。以此为基地，瑞典行道会华中总会成立，该总会除管辖湖北境内沙市、荆州、黄冈等区会外，同时兼管邻近的庐山、鸡公山、洞庭湖等区会。1922 年开始，受席卷全国的“非基督教运动”影响，瑞典行道会改名基督教中华行道会，独立传教。

1938 年武汉沦陷后，行道会传教士夏定川利用中立国的教团组织身份，不仅主管本会会务，也代理瑞典驻武汉的领事，还代理欧美各国在武汉与日军的外交事务。新中国成立后，昙华林瑞典教区房产由武汉市接管，成为居民住房，现保留有包括门楼、主教楼、领事馆、神职人员用房和真理中学等 5 处房屋。2005 年元月，这组老房子被公布为武汉市第二批优秀历史建筑。

光绪二十年（1894）

刘家麒出生于昙华林

光绪二十年（1894），抗日名将刘家麒出生于武昌昙华林仁济医院的隔壁，自幼父母双亡，由祖父和大伯抚养成人。刘家后住得胜桥148号。民间文史专家刘谦定曾作过考证。据他介绍，20世纪20年代，刘家麒出钱托其堂兄购买了这座单层砖木结构的老宅院。1937年，刘家麒率部北上抗日，路过武昌，曾回家待了两个小时。那是个中午，有辆军车停在家门口，刘家麒身披戎装出现，非常威武。其如夫人周继珍老人曾告诉刘谦定：那天中午，她给刘家麒下了一碗面，他只吃了几口，一边安慰严夫人和她，一边亲吻抚摸他的儿子和女儿。他对周继珍说，夫人身体不好，孩子们又小，往后家里的事还要请她多多辛苦，说完便匆匆道别。他出门后，严、周二人大哭了一场。

刘家麒于光绪三十一年三月（1905年4月）入武昌昙华林一私塾，后考入勺庭中学（位于今昙华林粮道街）。宣统三年八月（1911年10月），武昌起义爆发，刘家麒加入学生军，参加辛亥革命，后随军驻防黄州。1912年民国成立以后，考入湖北陆军小学，1914年升入陆军第二预备学校，1916年，被保送保定陆军军官学校，1919年毕业。1926年加入北伐军，任国民革命军第三十军炮兵司令兼第一团团长。

刘家麒像（左）

刘家麒旧居（右）

1931 年，刘家麒升为第五十四师少将参谋长，成为师长郝梦龄的重要助手，在江西参加第三次围剿红军。1934 年入陆军大学。

1937 年“七七”事变爆发，刘家麒尚未完成学业便请缨出击，8 月提前毕业，同年 9 月被任命为第五十四师少将师长，随第九军军长郝梦龄率部开赴前线。在山西忻口战役中，刘家麒率第五十四师在忻口南怀化高地阻击日军。10 月 11 日忻口保卫战开始，侵华日军板垣第五师团在飞机、大炮、坦克的火力掩护下，向忻口阵地发起进攻。刘家麒坚守的阵地是主阵地，第五十四师官兵英勇奋战，给予日军沉重打击。10 月 16 日，刘家麒在战斗中壮烈殉国。1937 年 10 月 24 日，刘家麒、郝梦龄的灵柩运抵大智门火车站（今汉口车站路老火车站），4 000 余名军政要人及武汉市民前往迎接。11 月 15 日，武汉各界人士数千人为抗日英雄郝梦龄、刘家麒将军举行追悼大会。12 月 6 日，刘家麒受国民政府明令褒扬，被追赠为陆军中将，遗骸被安葬在武昌卓刀泉伏虎山。中国共产党对刘家麒也给予了高度评价。1938 年 3 月 12 日，毛泽东同志在纪念孙中山逝世13周年及追悼抗战阵亡将士大会上说："我们真诚地追悼这些死者，表示永远纪念他们，从郝梦龄、刘家麒……到每一个战士，无不给予中国人以崇高伟大的模范。"抗战胜利后，汉口旧日租界原"新小路"改名为"刘家麒路"，一直沿用至今，现址在武汉市江岸区沿江大道附近。

刘家麒原配夫人严希曜于1938年初去世，继娶的丫鬟周继珍抚养刘氏后人。刘家麒之独生女刘世端，系周夫人所生，已故。其外孙女名钱拥军，仍居武昌县华林得胜桥故居。至20世纪90年代，老宅保存完好。故居大门临街，进入大门为甬道，二门内依次为天井、正厅、天井、后厅及后院，沿中轴线两边有厢房。1999年，旧居内由房管所安排入住的一住户不慎引发火灾，老宅院大部被烧毁。

中日甲午战争前后

张之洞督修凤凰山炮台

凤凰山是武昌城北的一座小山，被作为军事要塞。《武昌要览》记载："此处（凤凰山）筑有炮台，为武昌要塞。"而凤凰山炮台修建的主持者，则是湖广总督张之洞。

《张文襄公治鄂记》记载："省会凤凰山炮台，为公（张之洞）所修筑。台建于山上，颇据形胜。设大炮一尊，以轮运之，可左右旋转，并用洋灰筑成甬道，以贮炮弹。"

张之洞为什么选择在凤凰山修建炮台？主要是因为凤凰山的地理位置十分重要。凤凰山位于武昌唯一的北门——武胜门内，从武胜门进武昌城，右边即是此山。它是武昌古城的门户，俯视城北和长江，远眺汉口和汉阳，据此，可以防守城北、锁定长江、远攻汉口与汉阳。所以，它是武昌乃至武汉的战略要地。凤凰山历来传有"欲制武昌，先制蛇山，欲制蛇山，先制凤凰山"之说。

张之洞不愧为军事战略家，著名的武穴田家镇炮台也是他主持修建的。凤凰山炮台与田家镇炮台，在多次的战争中发挥了十分重要的作用。辛亥革命时期，凤凰山炮台在封锁长江，炮击汉口、汉阳的清军中发挥了重要作用。抗战时期，在保卫大武汉的战斗中，中国军民与日寇殊死搏斗四个多月。由于武汉是四战之地，因此，我方采取"守武汉不

张之洞像

战于武汉”的战略。除空战外，市区地面上无战事发生，也几乎没有军事设施，唯一的是凤凰山炮台。

凤凰山炮台还有一个功能——报时。光绪二十九年（1903），上海《申报》报道说，湖广总督端方在黄鹤楼故址修造了一座钟楼，每日午时一点鸣钟一次，听到钟声后，凤凰山炮台立即发炮应之。看来这个时候，凤凰山炮台简直就是“大材小用”了。

张之洞督修凤凰山炮台的时间，史料上没有明确记载，暂系此处待考。

光绪二十一年（1895）

恽代英出生于老育婴巷

光绪二十一年六月二十二日（1895年8月12日），恽代英出生于老育婴巷（今楚才巷），1913年迁居涵三宫街1号。

恽代英6岁入家塾读书。从光绪三十一年（1905）起，先后就读武昌龙正初等小学堂、北路高等小学堂。1913年考入中华大学预科，1918年毕业，被陈时聘为中华大学中学部主任（校长）。1919年，他在武汉参与并领导五四运动，带领互助社等青年团体的学生写宣言，发传单，创办《学生周刊》，领导罢课、罢工、罢市的“三罢”斗争，调查并抵制日货，以实际行动声援北京学生的反帝爱国斗争。同年9月，加入少年中国学会。次年，在武昌创办利群书社、利群毛巾厂，并先后创办《互助》《武汉星期评论》《我们的》等进步刊物，投身于新文化运动之中。1920年与萧楚女等发起组织中国社会主义青年团，1921年加入中国共产党，是武汉地区第一批党员之一。1923年前往上海，在上海大学任教员，参加共青团中央领导工作，任青年团中央委员兼宣传部长、《中国青年》杂志主编，同时兼任上海大学教授和国民党上海执行部宣传部秘书，负责编辑《新建设》月刊。

恽代英积极投身国民革命。1924年奉命加入中国国民党，推动共产党和国民党的合作。1925年，在上海领导五卅运动。1926年，赴广

恽代英像（左）

涵三宫恽代英旧居（右）

州出席国民党第二次全国代表大会，当选为中央执行委员，后在黄埔军校任政治部教官，协助周恩来工作。7 月北伐开始，恽代英留守广州。9 月北伐军攻克武汉后，回武汉担任中央军事政治学校的总教官。1927 年 4 月、7 月，蒋介石、汪精卫相继发动反革命政变，大革命失败。

1927 年 8 月 1 日，恽代英参与组织南昌起义，任中共前敌委员会委员。1927 年底，他参与领导了广州起义，任广州苏维埃政府秘书长，主编机关刊物《红旗日报》，失败后流亡香港，后赴上海。1928 年底，开始主持中共宣传工作，创办《红旗》杂志。1929 年 6 月，在中共六届二中全会上被补选为中央委员。因反对“左”倾错误而被下放基层，任中共上海沪东区委书记。1930 年 5 月 6 日，恽代英在沪东杨树浦怡和纱厂门前被捕，先关押在龙华看守所，1931 年 2 月被押往南京江东门外国民党中央军人监狱。起初未暴露身份，正当即将被营救出狱之时，恽代英被叛变投敌的顾顺章指认出卖。蒋介石派人劝降未果后，于 4 月 29 日将其枪决于南京军人监狱。恽代英在牺牲前，写下了“浪迹江湖忆旧游，故人生死各千秋。已摈忧患寻常事，留得豪情作楚囚”的不朽诗篇。

福音堂创建

基督教宣道会1887年成立于美国，次年即差派传教士来华传教。光绪十九年（1893），该会传教士艾克仁夫妇来武昌传教，在粮道街与古刹巷交界处开设福音堂。由于该会无论是在世界还是在中国，都是基督教的小教派，所以全武汉地区始终也只有这一所教堂，信徒200人左右。该会与其他基督教派不同之处在于，他们从不开办诊所、医院，因为他们信奉“耶稣基督乃医人疾病的至大医生”。

教堂是哥特式建筑。福音堂所在地，也是宣道会华中总会所在地，1947年宣道会全国总会迁到此地。新中国成立后，宣道会总部迁往香港，福音堂停办。“文革”期间，福音堂被毁。

福音堂后的配套楼房建造于光绪二十二年（1896），用作宣道会教友子弟的义塾。宣统元年（1909），义塾改为宣道会阐真圣经学校，1926年秋停办，1931年恢复办学。新中国成立后，义塾彻底关停。

吴禄贞随母寓居戈甲营

清末湖北革命运动的“点火人”、花园山聚会的发起者吴禄贞（字绶卿），光绪六年（1880）出生于云梦县城西郊吴家台子。据《爱国将领吴禄贞》一书附录《吴禄贞年表》所记，吴禄贞父亲吴利彬在武昌开馆教书，寓居水陆街。吴禄贞10岁至14岁时随父就读学馆，好格致之学，能诗善书，时人目为文学天才。吴禄贞习武艺，喜阅兵书，曾自取别号“梦泽雄”，寓意要做云梦泽的英雄。

光绪二十一年（1895）春，吴父肺病发作，病故家中。分家后，吴

吴禄贞像

禄贞随其母寓居武昌戈甲营。此时，吴母以教两位外国小姐中文，并教他人女红及绣云肩等为生。吴禄贞则入武昌纺纱厂当童工，因不堪工头欺凌，愤而离厂。

光绪二十二年（1896）

江成德创办文学书院

文学书院得名于天主教神父董文学。鸦片战争前，法国人董文学从澳门入内地，在湖北老河口秘密传教，由于清政府当时严禁天主教，几天后董文学就被当地官府抓捕，押解至省城武昌。清道光二十年（1840），董文学被湖北地方当局处死于武昌小洪山。董文学殉教

董文学被处死图

董文学墓碑

后，被罗马教皇追封为“真福品”。光绪二十二年（1896），为纪念董文学，天主教鄂东代牧区主教江成德在董文学的受难地武昌创办了文学书院。

书院选址在花园山南麓的郎家巷，1916年继任主教田瑞玉在原址上大兴土木，拆除旧房舍，兴建了一所文艺复兴式建筑的文学书院。文学书院以义学形式劝募华人子弟就读，旨在扩大教会影响，培养天主教后备人才。书院经费有三方面来源：一是教会募捐的经费，一是学生缴纳的学杂费，还有一部分是庚子赔款的退款补助。该院经费比较充裕。新落成的文学书院，开办了外语三年制大学专科、两年制大学预科、四年制中学、六年制小学。课程开设有英语、法语，以后又增开英文打字班。毕业生由书院推荐给外商或洋行工作。

另外，还在昙华林红衣修女会内开办孤女院一所。

1925年五卅运动爆发后，武昌各学校掀起了反帝爱国运动的高潮。文学书院压制学生运动，湖北省教育厅接受学生要求，关闭了武昌文学书院。1931年后，天主教会重新注册文学书院，更名为“私立武昌文学中学”。1952年，文学中学合并到湖北省武昌第一中学（1955年更名为武汉市第十四中学），外语大学专科并入华中师范学院（今华中师范大学）。1999年，书院旧址被全部拆除。

武昌舆地学会在巡道岭开办

武昌舆地学会是中国第一个地理学会。

光绪十七年（1891），湖广总督张之洞调时任清会典馆纂修官的湖南新化人邹代钧回湖北，任湖北舆图局总纂。

武昌亚新地学社印行的地图书影

光绪二十二年（1896），邹代钧在陈三立、汪康年、吴德潇等人支持下，利用积累的制图资料和仪器，独资在武昌巡道岭创办了中国第一个地理学会——武昌舆地学会。

邹代钧族侄邹永煊随其学习地理学，并在舆地学会里帮忙，对编印地图产生了浓厚的兴趣。为发展邹家的地学事业，邹永煊主动向邹代钧提出创办地图出版社，邹代钧表示赞同，并给他数千元作为资金，在上海开办了武昌舆地学会的分部。

光绪三十四年（1908）邹代钧去世后，邹永煊将上海的舆地学会迁回武昌横街头，改名“亚新地学社”，后迁至胡林翼路（今民主路）。武昌亚新地学社是我国最早的地图出版社，其社名的由来，是取“亚洲”和“新化”之首字。

1948 年，亚新地学社在《本国析类分省图》序言中称：“本社五十年来，以一贯精神，为舆地事业努力，兢兢业业，未敢稍懈，出版品不下三百余种。”

光绪二十三年（1897）

富世德之妻创办懿训书院

光绪二十三年（1897），英国基督教伦敦会传教士富世德之妻在今胭脂路与昙华林相交处创办懿训书院。书院开设小学和中学，学制八年，专招女生，不收学费，仅缴纳伙食费。家境贫苦者，伙食费免交。书院开有英语、“四书五经”课，可谓中西合璧，还有“家政常

懿训书院遗址

识”课，以培养名媛淑女。宗教活动是学校最重要的活动，早晚须做祷告，周日要到礼拜堂做礼拜。入学资格不限，唯要求放足，故此校招生起初一直不理想，学员多来自教民家庭。到辛亥革命之际，学员达到百人。后因校舍用地不敷使用，1922 年迁校址于汉阳东门，改名为懿训女子学校。1931 再迁汉口，1933 年增设高中部。学员毕业后一般从事教师职业，汉口的教会小学多有懿训书院的毕业生。1953 年被武汉市人民政府接管，为现武汉市第二十一中学前身。该书院遗址为一栋二层楼建筑。

中西通艺学堂创建

光绪二十三年（1897），湖北中西通艺学堂创建，校址初设三道街，后迁巡道岭，农历七月正式开学。这是一所私立性质的学校，也是一所新式学校。除教授传统的经史之学外，主要向学生传授舆地、图算、文艺和英语、法语等西学。学生分内课生与外课生两类，前者学习期限一至三年，后者五个月至一年。外课生可以不习中学，即经史之学。

中西通艺学堂创建者程颂万（1865—1932），字子大，一字鹿川，号十发居士，湖南宁乡人，出身于官宦世家与文学家族。程颂万有家学渊源，从小受到文学熏陶，博闻强记，聪慧善对。幼年受传统教育，14 岁开始作诗，15 岁学古文，17 岁考取秀才，25 岁时刻行第一本诗集。洋务运动时期，程颂万转向新学。

光绪二十二年（1896），程颂万纳资得官，任湖北抚署文案，后升任湖北通判。在湖北做官近十年，颇受张之洞、张百熙倚重，参与了张之洞主导的湖北洋务新政活动，在教育与实业上贡献颇多。

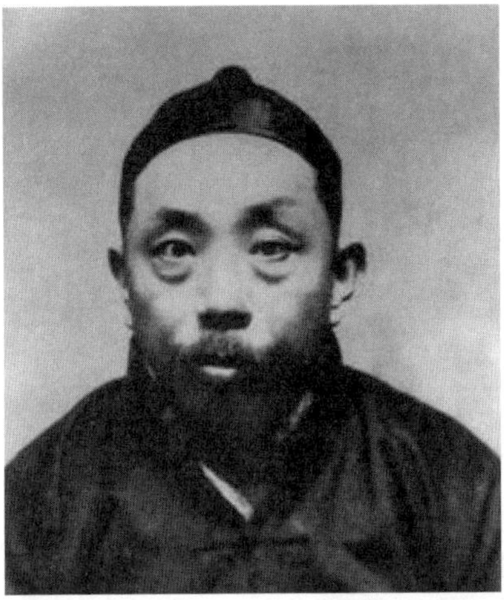

程颂万像

在教育方面，程颂万做过多所学校校长，是著名的教育家；在实业方面，程颂万也有建树，是著名的企业家。辛亥革命爆发，程颂万去职，从此脱离官场。退隐后，程颂万以文会友，诗、词、书、画均有成就，著述甚丰，有《十发居士全集》70卷。湖南人民出版社2009年出版《程颂万诗词集》，共32卷，计古今体诗1 561首，词360阕，另《三程诗钞》中收录程颂万所作词120阕。

光绪二十四年（1898）

项英出生于巡道岭

项英像

项英（1898—1941），原名项德隆，出生于武昌巡道岭（现粮道街273号）。先后就学于武昌育才小学、日新学校，15岁毕业后进武昌模范大工厂当学徒，期满成为纺织工，曾组织该厂工人罢工。

1921年，项英受党组织委派，到江岸筹建京汉铁路工人俱乐部。次年俱乐部成立，任秘书干事。4月，项英加入中国共产党，成为湖北较早的产业工人党员。此后，他领导了汉口扬子江机器厂罢工、英美烟厂罢工、“二七”大罢工、沪西日商纱厂工人二月罢工等，是早期工人运动的领袖，曾任湖北全省工团联合会组织主任、上海总工会第四办事处主任、中华全国总工会执行委员会副委员长、湖北省总工会副委员长。1923年，项英参加中共第三次全国代表大会。在第三至第五次中共全国代表大会上，均当选为中央委员。

大革命失败后，项英到上海从事党的秘密工作。1928 年 2 月，任中共江苏省委书记，同年参加中共六大。7 月，他在中共六届一中全会上当选为中央政治局委员、常务委员。后又参加在莫斯科召开的共产国际第六次代表大会，当选为共产国际监察委员会委员。1929 年，项英任中华全国总工会委员长兼中共党团书记，1931 年 1 月起任中共苏区中央局委员、代理书记兼中央革命军事委员会主席等。1934 年 1 月，在中共六届五中全会上，当选为中央政治局委员、书记处书记，曾主持筹备中华苏维埃第一次全国代表大会和成立苏维埃临时中央政府，并两次当选为中华苏维埃共和国副主席。红军长征时，项英任中共苏区中央分局书记、中央军区司令员兼政治委员、军委分会主席，掩护主力转移，此后留在南方坚持斗争。

抗日战争时期，南方游击队组建成新四军，项英任新四军副军长兼政委、中共中央东南分局（后改为东南局）书记、中央军委新四军分会书记，领导南方游击战争。1941 年 1 月，国民党发动皖南事变，新四军损失惨重，项英被叛徒杀害。

1955 年 6 月，项英的遗骸被移葬于南京雨花台烈士陵园。1990 年，武汉市武昌县（今江夏区）为项英立铜像，镌有时任中华人民共和国国家主席杨尚昆题词“项英同志浩气长存”。1998 年，在纪念项英诞辰 100 周年座谈会上，中央对项英的一生作了全面的评价：“项英同志是杰出的无产阶级革命家，工人运动的著名活动家，党和红军早期的领导人之一，新四军的创建人和主要领导人之一”，“抗日战争的名将之一”。

项英的主要著述有《三年来坚持的游击战争》《南方三年游击战争经验对于当前抗战的教训》《项英将军言论集》。

光绪二十七年（1901）

文华书院举办武汉第一次校际运动会

文华书院是内地最早开展体育训练的学校之一，自光绪十六年（1890）教改后正式开设体育课、军操课。光绪二十七年（1901），文华书院开学时仅有100名男生到校注册。英籍传教士翟雅各博士出任文华书院院长，他将英国公学的优良传统带到书院，使校园文化生活更加活跃。学生在周六下午休息时间，参加各类体育活动，除了传统的放风

文华书院操场

筝、踢毽子和在城墙上散步等活动外，还开展足球、棒球、田径、墙球等体育活动。光绪二十七年（1901），武汉地区第一次校际运动会在文华书院操场举办。在这次运动会上，文华书院获得了四项冠军。

光绪二十八年（1902）

私立日新预备中学堂开办

张之洞督鄂以来大兴文教，除官办学校之外，私立学堂也蓬勃兴起。光绪二十八年（1902），吴宝炬开办日新预备中学堂，这是湖北省第一所私立中学堂。

据《申报》介绍，该学堂除教授普通科目外，还兼教方言。因绌于经费，招生人数有限，后得张之洞大力支持，谕学务处札饬该学堂经理人，“遵照《奏定中学堂章程》办理，在堂学生毕业后，准与官设中学堂毕业生同得保奖”。

吴宝炬（1873—1942），土家族，湖北来凤人。早年读诗书，童子试后，就学于武昌经心、江汉、勺庭书院，短暂入贵州巡抚王鲁芗幕，旋肄业于农务学堂，升入两湖书院，后选入将弁学堂，一直厕身学界。吴宝炬由于办理私立日新中学堂颇有成绩，受张之洞赏识，被委派为随州高等小学及公立中学监督。辛亥武昌起义后，吴宝炬在江阴要塞响应。民国成立，被副总统黎元洪聘为顾问。后辗转于湖北房县、宜昌、应山以及江西德安、大庾、宁都、崇义、资溪等十二县任知事，政绩卓著，颇有官声，被誉为“花开十二县”。他随身携带自刻的“受贿天诛”的图章，盖在他经办的一切文稿上以自警。

日新预备中学堂位于武昌涵三宫南，斜对马家巷。现已不存。

光绪二十九年（1903）

张之洞创办东路高等小学堂

张之洞开办五路高等小学堂的时间，各种记载不一，地点也有歧异，盖因五所学堂建设时间有先后，其间校址也有变动。因此，张之洞在县华林开办东路高等小学堂的时间无确切记载。

张之洞同时开办五路高等小学堂的提议是在光绪二十八年四月二十六日（1902 年 6 月 2 日）《札学务处专设办公处所》中提出的，他指示，调整、兴建省城大中小各类学堂，其中有“就省城内分中、东、西、南、北五路，共设高等普通小学堂五所，以作各州县城镇应设小学堂之标准，均已择有地址，其东路小学堂即附设于师范学堂之旁”，而师范学堂择地于黄土坡一带创建；该学堂未造成以前，暂借安徽会馆先行开办。因此有人认为，“张之洞于 1902 年 5 月创办湖北师范学堂，并附设东路小学堂”，把张之洞提议开办师范学堂和五路学堂的时间作为东路小学堂创设的时间。

而张继煦《张文襄公治鄂记》记为：“五路高等小学堂　光绪三十年开办。分东、西、南、北、中五路，中路以旧保甲总局改造，南路以旧工艺学堂充用，北路以已裁武昌左卫衙门修改，西路以旧武昌通判衙门修改，东路附属于师范学堂。”

《武汉市志·教育志》记载：“五路高等小学堂　光绪二十九年至

三十年（1903—1904），湖广总督张之洞在省会武昌开办东、西、南、北、中五路高等小学堂。东路高等小学堂设在昙华林（今武汉十四中处），堂长陈间咸；西路高等小学堂设于宫门口（今黄鹤楼小学处），堂长萧宗湘；南路高等小学堂设于豌豆湖边（今烈士祠后），堂长田吴治；北路高等小学堂设于雄楚楼左侧北城角（今解放路），堂长徐毓华；中路高等小学堂设于南楼（今解放路武昌区司法局处）。”

据光绪三十二年八月二十四日（1906年10月11日）《申报》报道：“新建五路高等小学堂告竣：鄂省东、西、南、北、中五路高等小学堂业已一律完工。北路在菊湾北城角，南路在皇殿右侧，东路在昙华林，西路在武当宫，中路在南楼前大街。”

综合以上资料，可知光绪二十八年（1902）张之洞提出开办五路高等小学堂，翌年开始各学堂的建设，多数在光绪二十九年至三十年间建成，而光绪三十二年（1906）应该是五路学堂全部建成的最后时间。

据武汉市第十四中学校史称：“其前身是创办于1903年的东路高等小学堂和文普通中学堂”，可以认定东路高等小学堂创办于光绪二十九年（1903）。原设于贡院，不久即迁到昙华林原左卫城隍庙旧址，陈间咸任堂长。

五路高等小学堂规定，每堂学额100名，年龄在11岁至14岁，能背诵一两部经书、粗通文理者可以入学寄宿。为鼓励家长送子女就读，学堂提供学生文具、食宿、服装等，经费由省学务处划拨。学制四年，课程包括修身、经、史、文学、算术、地理、格致、图画、体操等。光绪三十三年（1907）五路高等小学堂学生毕业，其中东路高等小学堂毕业生73名。五路高等小学堂的创立，是湖北公立高等小学堂的滥觞。

辛亥革命后，五路高等小学堂或停或废，不复存在。东路高等小学堂旧址位于今武汉十四中校内。

有一种传言，说李四光是东路高等小学堂学生。其实，李四光考取的是西路高等小学堂，也称第二高等小学堂，并由该学堂选派官费留学日本。光绪三十年五月二十日（1904 年 7 月 3 日），湖北督抚致外务部文（丽字五百七十二号）派学生吴柏年等赴日本游学由称："兹查两湖文高等学堂北书库掌书生吴柏年……方言学堂学生高仲和……第二高等小学堂学生李四光……均堪由官费派往日本游学，以资造就。"

文华书院成立大学部和创办图书馆

清光绪二十九年（1903），文华书院成立大学部，增设大学课程，学制三年。首批学员是文华书院中学部刚毕业的 9 名学生。此后，文华书院分为正馆（即大学部，正科）及备馆（中学部，预科），采用九年制。备馆六年，含初中、高中；正馆为三年。大学阶段除设有神学院外，相继增设了文学院、理学院和医学院。文华书院注重神学、数学和英语，所有学生无论信教与否，都必须参加宗教活动，计每天早晚两次，周日三次。英语教学是文华书院的特色，学生升入正馆后基本上可以流利地使用英语。

文华书院的文体活动也有特色。文华书院足球队在武汉地区大学生运动会上几乎包揽了各类赛事的第一名。光绪三十一年（1905），文华书院组织了鼓乐队、合唱队。次年，学生军训队由鼓乐队引领，列队长途行军，引发市民围观，轰动一时。

文华书院的图书馆是韦棣华小姐创办的。她本是美国纽约巴塔维亚的一名图书管理员，光绪二十五年（1899）来华看望在文华书院任职的弟弟韦德生，后应聘在书院代教英语。她发现书院图书匮乏，不利于教

韦棣华女士像

学，遂发挥专长，于光绪二十九年（1903）在书院里筹建起一个小型图书馆。韦棣华一生未婚，自称“嫁给了中国”。为了筹募图书馆的开办经费，她生活俭朴，身无长物。

吴禄贞等在花园山聚会

花园山位于武昌城北，原称崇府山。清乾隆年间，山上建有刘家花园（又称霭园），山林秀美，是文人墨客流连的胜迹，遂而得名花园山。

清末各种思潮激荡，张之洞奖励留学，湖北一大批读书人留学日本。受孙中山革命思想影响，留学生回国后大力鼓吹反清革命，吴禄贞是其中的杰出代表。吴禄贞是湖北云梦人，幼年丧父，随母亲住在武昌

花园山聚会的孙茂森花园遗址

戈甲营，靠其母缝补为生。后其母被张之洞雇请教女儿女红，问及家世，知道吴禄贞祖上与张之洞族兄同年考中进士，遂对吴禄贞特别关照。吴禄贞为人豪迈，交游广泛，崇尚侠义，早年投湖北新军，光绪二十五年（1899）被张之洞选派赴日本陆军士官学校学习，在校表现优异，与张绍曾、蓝天蔚并称为“士官三杰”。光绪二十六年（1900），康有为、梁启超组织自立军，吴禄贞也回到上海，参与组织自立会，预备在长江流域发动起义，事泄，只得逃回日本。

光绪二十七年（1901）冬，吴禄贞回国，张之洞不计前嫌，委任为湖北营务处帮办。吴禄贞革命思想并未因此改变，他与李廉方、李书城等湖北留日回国学生，在花园山李廉方住所聚会，讨论时局，谋划革命，在当时军、学两界有很大影响力。花园山俨然成为革命党人的秘密据点，而且“各省志士之至武昌者，莫不赴花园山接洽”。花园山聚会没有严格的组织形式，但参与聚谈的人士有粗略分工，如李廉方、万声扬常驻机关，负责庶务、联络，李书城负责联络军队，孔庚负责发行革命书报，朱和中筹募经费，而吴禄贞则被花园山聚会者隐然奉为领袖。

花园山聚会引起张之洞警觉，他采取釜底抽薪的办法，将聚会骨干分别遣散，有的派往日本留学，有的派到欧洲留学，吴禄贞被调往北京练兵处担任骑兵监督。自此，花园山聚会中的人物风流云散，但它成为湖北革命团体的滥觞，点燃了辛亥革命的火种。

黄兴寄居昙华林

黄兴（1874—1916），原名轸，改名兴，字克强，一字廑午，号庆午、竟武，曾用名李有庆、张守正、冈本、今村长藏等，湖南善化县（今长沙）人。中国近代民主革命家，中华民国的创建者之一。光绪三十一年（1905）中国同盟会成立时，被推举为执行部庶务，居协理地位，是革命党的第二号人物。在辛亥革命中，与孙中山常被时人以“孙黄”并称。在其革命生涯中，黄兴多次来武汉，或求学，或革命。但到昙华林，只有短短两日。曾住在昙华林花园山孙茂森花园的革命党人李廉方在《辛亥武昌首义纪》中回忆说：“黄兴初回时住此二日，万声扬、耿伯钊亦住若干日。”

光绪二十四年（1898），黄兴被选送两湖书院深造。光绪二十六年（1900）四月，被派往日本考察学务，三个月后返回，此时，黄兴开始萌发革命思想。光绪二十八年（1902），黄兴又被派往日本留学，入东京的宏文学院速成师范科。在日本留学期间，黄兴积极参加爱国活动和革命运动，如拒俄运动、成立军国民教育会等，成为留学生公认的领袖人物。

黄兴像

光绪二十九年（1903）夏月，黄兴作为军国民教育会的运动员自日本东京启程回国，运动反清革命。闰五月，黄兴来到武汉。这是他留学回国后首次回到武汉，在汉待了八天，其中的两天住在花园山孙茂森花园李廉方（步青）寓所（位于今胭脂路湖北中医院内）。孙茂森是宗教界人士，后来参加了革命。李廉方曾留学日本，与黄兴同校同科同级。当时李廉方在花园山的寓所俨然成为革命联络站，据其《辛亥武昌首义纪》载，武昌花园山寓所，“学界往来者颇多，凡以后留学东西各国者十之八九曾到是处”。朱和中在《革命思想在湖北的传播与党人活动》一文中亦称：“各省志士之至武昌者，莫不赴花园山接洽。”

黄兴在此居住的目的很明确：从事反清革命。在两湖书院等处，黄兴发表演说，鼓吹革命，并与顽固派辩论，他还散发革命书刊于军学两界。湖广总督张之洞获悉后震怒，下令严厉查禁，将黄兴驱逐出境。当时的报纸报道：“正任鄂督张，连日由京电致鄂中当道，严禁学生之矜器者。由当道查出两湖书院有黄轸、金华祝、万声扬、李步青、周龙骧数生，师范学堂有周、刘两生，均染嚣张气息，当即悬牌斥革。”黄轸即黄兴，金华祝、万声扬、李步青等人就是花园山聚会的主要人物。所以，黄兴在武汉所接触的人主要是湖北最早的一批革命者。刘揆一《黄兴传记》记载：“癸卯夏五月，公归抵鄂，在两湖书院演说满汉畛域及改革国体政体之理由，与顽固派辩论终日，卒使全场一致叹服。鄂督张之洞闻而震怒，责成首府兼院长梁鼎芬拿办，梁已悬示驱逐出境，公犹留连八日，以携带邹容所著之《革命军》、陈天华所著之《猛回头》二书，零星赠送军学各界至四千余部之多，始登江轮回湘。”

当时的湖北正处于革命的初期，黄兴的到来，对湖北革命产生了重要影响。当然，也扩大了黄兴个人的影响。宋教仁是文普通学堂的学生，听闻黄兴在武汉演说革命大义，非常悦服，主动与黄兴交往，一起从事革命活动，黄兴离开武汉后，他也回了湖南。可以说，黄兴这次武汉之行的最大收获，便是结识了宋教仁。

光绪三十年（1904）

张之洞到花园山测量地址

光绪三十年十月初十日（1904年11月16日）《申报》报道：本月初一日（11月7日），湖广总督张之洞率随员多人来到花园山一带测量地址。至于此行目的，新闻报道说："不知有何兴作也。"此篇报道非常简略，给人留下很大的想象空间：张之洞意欲何为？

十年之后，还是《申报》揭开了这个谜底。1914年6月16日的《申报》刊有"刘鼎年请还祠基"的报道，称"鄂垣花园山有地一方，曩由张南皮建设吴文节公专祠……"原来当年张之洞来到花园山，是为了修建吴文节公专祠。

吴文节公即清湖广总督吴文镕。吴文镕是江苏仪征人，字甄甫、云巢，号竹孙。嘉庆二十四年（1819）进士。历任侍读学士、顺天学政、礼部侍郎等职。道光十九年（1839）任福建巡抚。鸦片战争时，协助闽浙总督邓廷桢筹办防务，旋护理闽浙总督，次年改任江西巡抚，后擢云贵总督。咸丰二年（1852）调闽浙总督，不久改任湖广总督，在武昌对抗太平军。咸丰四年（1854），吴文镕在黄州（今湖北黄冈）被太平军打败，投水自杀。同治年间，湖北当局已奏请为其建造专祠。据《湖北通志》记载："吴文节公祠在硃石山（梳妆台对面，今彭刘杨路），光绪九年建。二十九年移建崇福山正街卫城隍庙故址。"张之洞于光绪三十年十月初一日到花园山一带测量地址，就是为了将硃石山警务公所旁的吴公祠迁建到花园山。《湖北通志》根据采访册称，“二十九年移建”乃误记。

颇有意思的是，“刘鼎年请还祠基”这则新闻提到了一桩纠纷。花园山居民刘鼎年声称：修建专祠的土地乃其产业，原拟建造学校，经张之洞商借，以十年为期，谁知张之洞借到地皮后竟建了吴公祠。后刘鼎年要求发还，官府则称年限未满。1914 年，借期已过十年，刘鼎年遂要求官府归还，以便改建学校，培育人才。湖北巡按使吕燮甫认为，既属借贷性质，断无建祠之举，刘鼎年称系其产业但并未呈出确凿证据，遂断然拒绝了这一要求。

公立日新预备中学堂创办

据《湖北省教育统计图表》记载，光绪三十年（1904）十月，公立日新预备中学堂创办于武昌涵三宫，经费由盐署捐款、学生纳费解决。至宣统二年（1910）十月，该校已毕业学生 206 名。

昙华林开办民办中学堂

据《张文襄公治鄂记》记载：张之洞极力提倡私立学堂，故当时士绅在省垣设立私学者甚夥。惟因经费缺乏，旋立旋停者，亦间有之。其中记载，有人在昙华林租民房开办了一所民办中学堂，但资料不详，无从确证。

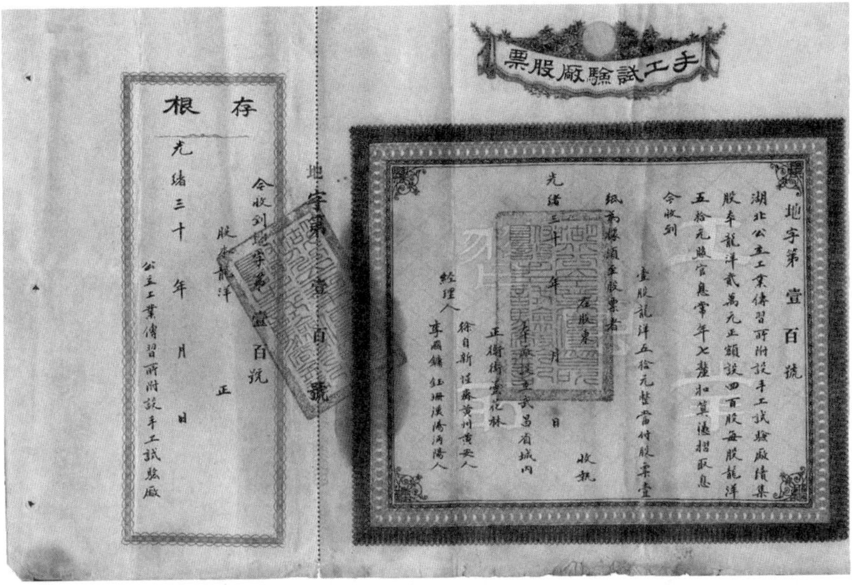

工业传习所附设手工试验厂股票

工业传习所建于昙华林

湖北公立工业传习所于光绪三十年（1904）在昙华林正卫街购买民房开办，附设手工实验厂，以制粉条、练习印刷业为主。

光绪三十一年（1905）

日知会迁入圣约瑟学堂

圣公会为开通民智、方便传教，在圣公会内设立阅览室，并取了一个很本土化、有劝学意味的名字，叫“日知会”。熟悉中国经史的自然明白其出处，出自《论语·子张》中的一句话：“日知其所亡，月无忘其所能，可谓好学也已矣。”日知会陈列各类书报、杂志，对外开放，供人取阅。其报刊来源广泛，不仅有武昌本地出版物，还有专门从上海等地购置的刊物。图书购置费主要来自教会的募捐。

胡兰亭继黄吉亭任圣约瑟学堂堂长后，将日知会迁往高家巷的圣约瑟学堂中。作为图书阅览室的日知会，其后在军界、学界影响力大张，离不开胡兰亭聘请的日知会司理刘静庵，他成功地将一个教会图书阅览室改造成了一个很有影响力的革命团体。

梁耀汉开办明新公学

汉川梁家为当地大户，梁耀汉早年中过武举，留学日本经纬学校。回国后倾心革命，交游广泛。某次，他在黄鹤楼宴请同学，谈及进行方略，一致认为要成立组织。光绪三十一年（1905），梁耀汉等数十同道，

梁耀汉像

捐出私财，在武昌左二巷（今九龙井街）成立了群学社。群学社奉孙中山为“革命共主”。

为了培养人才，梁耀汉等又到武昌郎家巷租赁民房，开办明新公学，校名出自《大学》中的“大学之道，在明明德，在亲（新）民，在止于至善”。公学以梁耀汉为经理，聘任黄福为堂长，招考学生500人，开设了国文、历史、物理、经学、算学、体操、图画、音乐、英文等课程。教员在课程中以灌输革命思想为主，如国文课中，以孔孟之言“君之视臣如草芥，则臣视君如寇仇”来鼓励学生反对清朝专制统治。

梁耀汉的明新公学和刘静庵日知会的江汉公学、东游预备科，均以教育宣传革命，彼此各立门户，有时不免互争雄长，经同志调处，梁耀汉赞赏刘静庵的主张，决定与之合力进行革命，遂撤销群学社，所有社员并入日知会，明新公学也由日知会接办。

文华书院成立学生军

文华书院自光绪十六年（1890）开设军操课，培养学生的尚武精神，并于光绪三十一年（1905）成立了学生军训队（学生军），受训项目有兵器教范、劈刺和陆军战术。翌年，学生军训队首次身着军装，由鼓乐队引领在大街上列队长途行军，一直走到洪山宝通寺和卓刀泉。后又在小东门外山地进行了一场军事演习。这一新鲜事物引来市民的围观，产生了轰动效应。

学生军成立后没有军歌，1906 年，国文教习张纯一作词、体育教员余日章谱曲，创作了《学生军军歌》。他们先后创作了两首军歌，其中一首的歌词如下：

愿同胞，团结个；英雄气，唱军歌；一腔热血儿，意绪多；怎能够坐把国事蹉跎，准备指日挥戈，好收拾旧山河。从军乐，乐如何！从军乐，乐如何！怎能够坐把国事蹉跎，准备指日挥戈，好收拾旧山河！

对天演，烈风潮，争优胜，武士道；兢上舞台高，精神好；为国民重新铸个头脑，争得神州天晓，纪念碑立云表！操操操，休草草，操操操，休草草；为国民重新铸个头脑，挣得神州天晓，纪念碑立云表！

齐昂昂，整顿了；好身手，讲兵韬；任他千钧担，一肩挑；新世界能够造得坚牢，便是绝代人豪，浩然气薄云霄！身价儿，比天高，身价儿，比天高；新世界能够造得坚牢，便是绝代人豪，浩然气薄云霄！

歌词以饱满的爱国激情、昂扬的战斗精神号召大家积极参加军训，

《学生军军歌》词作者张纯一（左）、曲作者余日章（右）

锻炼自己，并树雄心，立大志，开天辟地，自觉肩负起建造一个新世界的千钧重担。这首歌对宣传民族精神起到了很好的作用，开始时在湖北学生中歌唱，以后逐渐流传于大江南北。据有的辛亥革命老人回忆："此歌不仅湖北军学界唱习之，安庆军营中亦然。"后来在辛亥首义战斗中，许多学子就是唱着这首歌参加起义的。

董必武报考文普通中学

据《董必武年谱》记载，光绪二十九年（1903）秋，董必武从黄安（今红安）赴武昌投考湖北省武普通中学堂，虽然文章受到主考官认可，但因在面试时穿父亲的一件旧长衫，被误认为"年纪太大"，不予录取，愤然返回黄安。

光绪三十一年（1905），20岁的董必武经阮毓崧介绍，赴武昌报考

董必武像

文普通中学堂。在等待入学期间，董必武住在戈甲营司衙巷一间私人小屋，经常到日知会阅读书报，见康有为、梁启超主办的《新民丛报》立意新颖，文字生动，笔下带有感情，很感兴趣，不但开阔了眼界，思想受到了启蒙，还在此结识了革命党人刘静庵，并与之常有往来。

革命团体日知会正式成立后，董必武经常参加日知会组织的各种革命活动。经刘静庵介绍和指点，董必武读了《扬州十日记》《嘉定屠城记》，对清军残暴屠戮汉族人民的罪行极为痛恨，对明末烈士史可法、黄淳跃等从容殉国的事迹深为敬佩，激发了他反对清王朝统治的思想。

武昌道、府两级师范学堂开办

据《张文襄公治鄂记》“道府州建学表”记载，光绪三十一年（1905），武昌道、府两级分别在昙华林丰备仓通判署旧址开办师范学堂。道师范学堂后停办，府师范学堂后改为中学。

光绪三十二年（1906）

湖北军医学堂创办

光绪三十二年（1906），张之洞在武昌左卫城隍庙开设湖北军医学堂，设医学一门，开设生物、解剖、细菌、药物、内科、外科、小儿科、妇产科、中医等课程。据日本人水野幸吉调查，该学堂开办之初，有教习 16 人，其中有日本教习 4 人。

按照光绪二十九年（1903）学务大臣会同湖广总督张之洞奏定的《厘订学堂章程学务纲要》的规定，由于“医科关系重要，而学理又至繁赜，不独难于深造，亦不易言普通”，若学问未精，遽令充当医官及医员，不免贻误。原本只要三年即可毕业，即行加习两年，以符合新章程中学堂五年毕业之例。本届毕业生共 77 名，光绪三十四年（1908）张之洞为之专折请奖。

湖北军医学堂仅办一届，学生毕业即停办，毕业生中有近代著名医学家陈雨苍。1913 年复建湖北省立医学专门学校，不久后因故再次停办。

革命团体日知会正式成立

日知会开办后，黄吉亭聘请在文华书院正馆教授诸子学的刘静庵担

日知会欢迎欧几罗大会

任日知会司理，刘静庵等利用教会宽松的环境，于光绪三十一年(1905)将阅书报社改造成革命据点和同名的革命团体。次年（1906）春，革命团体在武昌高家巷召开正式成立大会，明确日知会的宗旨是“开导民智，救中国危亡，成一新中国”。由于日知会附设于圣公会，众人便推举胡兰亭为正会长，刘静庵副之，冯特民等任评议员。刘静庵是日知会的实际领导人。当时，中国同盟会已在东京成立，派余诚回湖北省设立分会，余诚即依托刘静庵举办的日知会开展会务。文华书院师生中均有人参加日知会的革命活动。

日知会通过在文华书院和会内演讲，放映幻灯片，传阅革命书籍，开办鸠译书社，翻印《警世钟》《猛回头》《革命军》《孔孟心肝》等革命书籍，吸纳其他革命小团体如群学社、明新公学、黄冈军学界讲习社等。日知会的革命活动吸引了湖北军学界青年参加。日知会发表演说时，公然鼓吹革命，引起了湖北当局的注意。

日知会影响最大的一次活动是在光绪三十二年五月（1906 年 6

月)。孙中山派法国武官欧几罗来湖北考察长江革命形势，日知会召开盛大欢迎会，欧几罗、刘静庵等在会上昌言革命，被当局侦知。当局遂借当年湖南萍浏醴起义之事，诬陷刘静庵为土匪刘家运，抓捕刘静庵等 9 人，革命团体日知会遭彻底破坏。此一事件史称“日知会丙午之狱”。

熊十力等建立黄冈军学界讲习社

熊十力像

黄冈人熊十力早年与同乡何自新结伴来到省城武昌，寻找革命道路。何自新认为宣传不可轻视，遂投考两湖学堂，在学界宣传革命；熊十力认为只有武力才能解决革命成功的问题，遂投笔从戎，加入武昌新军第三十一标。日知会成立后，何自新、熊十力先后加入。

为扩大日知会影响力，熊十力与熊飞宇、熊持中、童愚、邱介甫等人商议，决定在黄冈籍的军学界人士中成立组织，命名为“黄冈军学界讲习社”，社址设在武昌正卫街(今县华林街西段)，房屋由社员张炳南、张海涛父子捐助。讲习社采用结兰谱的方式发展会员，以 10 人为一谱，这 10 个人又各约 10 人推而广之。社员以聚谈反清、激励人心为主。在熊十力的主持下，讲习社事务发展迅猛，参加者已不限于黄冈籍范围，成为日知会很得力的外围组织。

熊十力积极奔走串联，试图发动军队举义，不料风声外泄，为第八镇统制张彪知悉，派人逮捕。熊十力得到任职第八镇参谋的蓝天蔚通风报信，藏匿外逃，而他创办的黄冈军学界讲习社因此被查封。

熊十力后来成为著名哲学家、新儒家代表人物。

私立翻译学堂迁至粮道街

据光绪三十二年五月十三日（1906 年 7 月 4 日）《时报》载，光绪三十年（1904）设于武昌金鱼池之私立翻译学堂，改为游学预备科，并迁至粮道街办学。

贡院旧提调厅等处设支郡师范学堂

光绪三十一年八月初四日（1905 年 9 月 2 日），张之洞札北臬司、盐道开办支郡师范学堂，以广师资而宏造就。为培育湖北各府州县师资，学堂先拟于省会设师范传习所，以教外府州申送来省之师范生。后因各属所送人数既多参差，而传习所课程较浅，年限较促，未足以资深造；又因省外师范教员延聘不易，尚难普及，乃在省城武昌设立支郡师范学堂。支郡即各府州，学生分府各自录取后送省城支郡师范学堂肄业。光绪三十二年（1906），先成立甲、乙、丙、丁、戊、己六堂，俟陆续添设。每堂学生 100 名，由各属申送，不限年岁，唯资格限定为生员。学生每年学费一百元，由申送各属缴纳。学科为修身、中文、教育、算术、历史、地理、化学、博物、音乐、体操，一年半毕业。后庚、壬二堂亦赓续成立。办学地点除了贡院外，甲、丙两堂设于江汉书院旧址，其他分设于巡道岭、黄土坡、昙华林各处。到三十三年(1907)毕业学生620人，回各属高、初等小学堂任教。

光绪三十三年（1907）

吴德施等营救日知会革命党人

光绪三十二年十月中旬（1906年12月初），萍乡、浏阳、醴陵等地爆发起义，萍浏醴之役为地方革命党人自行发动，东京总部事前并未知悉。孙中山派胡瑛、朱子龙、梁钟汉三人赴湖北，负责指导。日知会刘静庵也召集同志与胡瑛、朱子龙、梁钟汉等在汉阳伯牙台议事，无赖郭尧阶向巡警道冯启钧告密。光绪三十三年十一月（1907年1月），巡警逮捕朱子龙、梁钟汉、胡瑛、季雨霖、李亚东、吴贡三、殷子衡、张难先、刘静庵等9人。冯启钧贪功，诬刘静庵为湖南会首刘家运，重刑逼供。张之洞命按察使梁鼎芬暨司道七八人会审，逼迫刘静庵自认为刘家运，并供出同党。尽管刑讯逼供中刘静庵被打得遍体鳞伤，但他拒不吐实，反复说“我是革命党，其他一概不知”。梁鼎芬暴怒，大声呵斥，刘静庵也怒斥梁鼎芬，正气凛然，坚贞不屈，被大家称为“铁汉”。

本来清吏罗织大狱已成，行刑在即，然而事出转机，后来没有一人被处死刑。这是什么原因呢？据张难先《湖北丙午党狱汇纪》分析，可能有这样三个原因：一、在京革命党人吴禄贞、程家柽等向肃亲王善耆说项，请他出面调停。一向以开明著称的肃亲王电致张之洞，嘱其对本案和平处理。二、刘静庵在圣公会时，其品学为中西教士所推崇，故黄吉亭、孟良佐两牧师及吴德施主教电请美国驻华公使乐克希，极力组织

日知会纪念碑揭幕典礼留影

营救。三、鄂人李廉方、彭临九，湘人张学济，蜀人张骏声多方奔走，始获此效果。定谳之前，张难先因病由同乡耆宿黄福、王劭恂等保出就医，季雨霖也因病被协统黎元洪、标统曾广大保释。其余七人后来有的判了重刑，长期监禁；有的判得比较轻，送回原籍监管。他们在狱中仍坚持斗争，后来朱子龙、刘静庵先后瘐死。“丙午之狱”后，日知会组织虽然瓦解，其成员如辜天保、冯特民、梁耀汉等皆散布各地，继续从事革命活动。

湖北革命党人在“丙午之狱”中得到了锻炼，此后立会结社之风不绝，革命组织得到了更大发展，皆赖之前日知会卓有成效的活动。1938年，日知会丙午党狱同人张难先等敬立的武昌日知会纪念碑碑文称：“故日知会者，武昌革命之源泉也。”

湖北工艺学堂迁至昙华林并易名

湖北工艺学堂创建于光绪二十四年（1898），创办者是湖广总督张之洞，原址在铁政洋务局。光绪三十三年（1907），张之洞下令，将湖北工艺学堂从原江汉书院旧址搬迁至昙华林，即已停办的原道师范学堂旧址，易名中等工业学堂。学校位于武昌城墙边、螃蟹岬下，面对文华书院。

学校开设理化、机械制造、染织、建筑各科，前两年为预科，后两年为正科。学额60名，另招学徒30名。宣统三年（1911），武昌起义爆发，阳夏战争继之而起，学校因此而停办。1912年学校复办,1914年更名为湖北省立甲种工业学校，后多次更名、搬迁，演变为今武汉科技大学。

湖北工艺学堂及其由此演变而成的湖北中等工业学堂是张之洞洋务新政的改革成果。但是，学校中不少学生甚至教师却选择了革命，成为著名的革命之校。辛亥革命时期，时象晋、李四光等革命党人曾在该校任教，该校学生陈宏诰、赵师梅、赵学诗、陈磊、陈霖、江家瑞、傅盐梅、彭晟等人先后倾向革命，参加革命团体者20余人。共进会在学校建立了基层组织，赵师梅是代表，这是当时仅有的几个设立基层组织的学校之一。陈宏诰、赵师梅、赵学诗、陈磊是革命党的核心人物，起义军旗十八星旗就是赵师梅、赵学诗、陈磊绘制的，革命党人的秘密机关同兴酒楼和同兴学社也是由他们经营。其中，同兴学社就在巡道岭。他们参与了武昌起义，参加了湖北军政府的组建和阳夏之战，陈宏诰是湖北军政府的核心成员——“八大金刚”之一。民国建立后，北京政府表彰武昌起义功臣，陈宏诰、赵师梅、赵学诗均属甲种功臣，陈磊于

1912年被人误伤，死于非命。

另外，还在中等工业学堂内开办过武昌府初等工业学堂，定额240名，招收高等小学毕业生入学，分为金工、土木、简易制造三科，两年毕业。宣统二年（1910）停办。

旅鄂西方侨民在文华书院举行运动会

光绪三十三年八月二十三日（1907年9月30日），旅鄂各学堂外国教员、教会教士等齐集武昌花园山文华书院举行运动会。所演各技，观者无不拍手称善。

光绪三十四年（1908）

文华书院创建中国最早的铜管乐队

文华书院不仅重视学生开展体育运动，还提倡学生参与各种音乐活动。早在光绪三十一年（1905），书院就建立了学生合唱队。光绪三十三年（1907），该校思殷堂修缮竣工，在美籍教师康明德的指导下，合唱队在思殷堂举办了首场演唱会。同年，文华书院足球队与美国“海伦娜”炮舰水手进行足球比赛，炮舰军乐队来校表演。受其启发，在康明德、余日章等教师的努力下，文华书院于光绪三十四年（1908）草创

文华书院第一支铜管乐队

铜管乐队。宣统元年（1909），康明德回美国购买了一批西洋乐器，文华书院学生铜管乐队正式成立，康明德担任教练和指挥。他们抓紧训练，不久即能在学校的重要活动中演奏，后来武汉地区的一些大型活动也常常邀请他们去演奏。这是我国最早由国人自己演奏的铜管乐队，铜管乐队能演奏西方名曲《蓝色多瑙河》《小夜曲》《牧童的婚礼》等。在铜管乐队带动下，文华书院又建立了黑管乐队、口琴队、国乐队。如今，铜管乐队和体育、音乐、美术以及外语等学科，仍是文华中学的办学特色。

巡道岭成立湖北省教育会

据《湖北省教育统计图表》记载，光绪二十四年五月（1908 年 6 月）湖北省教育会省城总会成立于武昌巡道岭，会长姚晋圻，会员 288 人。会址后面即涵三宫。

湖北省咨议局于宣统元年九月初一日（1909 年 10 月 14 日）举行开局典礼式时，咨议局自己的大楼尚在阅马场建设，大会会场借用湖北教育总会，办事处则借用劝业公所。

不久，保路运动波及湖北。九月二十三日（11 月 5 日），咨议局联合湖北教育总会等团体，假鄂省教育总会议场开会，集议组织铁路协会，专以拒借外债、集款自办为目的，到会者 100 多人。

花园山建天文台

花园山天文台位于嘉诺撒仁爱修女会武昌圣堂旁，那里是花园山最

花园山天文台（左为原貌，右为今貌）

高处。天文台呈圆塔形，高十二米，分三层。至于它是何人何时所建，至今还有争议。有资料说是美籍方济各会会士艾原道修造，何时修筑却未能具体说明。还有资料说是青年传教士蒲日济提议，天主教会所建，设备仪器从德国购置，1930 年正式启用。光绪三十三年十二月十七日（1908 年 1 月 20 日）上海《申报》报道："鄂省花园山为各国教堂麇集之处，现有某教士在该山崇正书院后修建天文台一座，闻工程现将落成。"崇正书院即大修院。

这是中国近代较早的一座天文观测台，为长江航道提供天气预报。1938 年武汉沦陷后，仪器设备被日军洗劫一空，天文台被迫停止使用。20 世纪 50 年代末大炼钢铁时，铁制品又被拆毁。20 世纪 90 年代维修中南神哲学院房屋时，被拆毁一半，如今仅存遗址。

20 世纪初年

周苍柏就读于文华书院

周苍柏像

周苍柏（1888—1970），湖北武汉人。早年就读于昙华林文华书院，加入革命团体，参加辛亥革命。民国初年，入上海南洋公学（今上海交通大学前身）。1917 年毕业于美国纽约大学经济系，曾任汉口上海银行经理，湖北省银行总经理，重庆华中化工厂、汉中制革厂董事长。1949 年，出席中国人民政治协商会议第一届全体会议。后历任政务院财经委员会委员，中南军政委员会委员兼轻工业部副部长，湖北省第一至三届政协副主席，湖北省工商联主任委员，全国工商联常委，全国政协第二届委员，第三、四届常委。

周苍柏被誉为“东湖公园之父”。1930 年，他投入自己的绝大部分收入，兴建了东湖西岸的“海光农圃”，并把它打造成深受群众喜爱的“城市公园”。1949 年，周苍柏将海光农圃捐献给了国家，在海光农圃的基础上建成了东湖公园。至今，当年的海光农圃仍是东湖最美的景区之一。

周苍柏也被誉为“红色资本家”。第二次国共合作期间，周恩来负责中共长江局工作，周苍柏给予了大量的财政支持。周苍柏与石瑛先生配合，筹措了大量经费，支持李范一、陶铸、杨显东在湖北应城汤池创办游击队干部训练班，为李先念的新四军第五师输送了大量优秀人才。抗战结束后，周苍柏出任联合国善后救济总署湖北分署署长，又为被围困在宣化店的李先念中原部队送去药品、奶粉、粮食等大量物资。在叶挺被囚居恩施期间，他承担了救助叶挺的经费开支，并派人照顾叶挺的生活起居。

清宣统元年（1909）

文华大学正式挂牌

宣统元年三月二十九日（1909 年 5 月 18 日），文华大学在美国哥伦比亚特区注册，学校改名为“文华大学校”，同时收并了武昌博文书院、汉口博学书院的大学预科。1910 年级的大多数学生增加一年的学士学位课程，正馆学制由三年延长为四年。

武昌文华大学

宣统二年十二月（1911 年 1 月），文华大学毕业班学生首次公开进行学位论文答辩，韦卓民、朱德祥、房宗原、傅德润、黄馥亭、桂质朴、吴沾恩、冯传先、曹道发等 9 名学生被授予文学学士学位。韦卓民后来成为华中大学的校长，华中大学的前身即为文华大学。

武昌首义后，文华大学师生离开武昌，学校关闭，部分师生前往上海，成立文华旅沪学会。1912 年 3 月，武昌时局已定，文华大学复课。

除 1911 年外，1912 年后连续 5 年每届毕业生都有 5 人获得学士学位。1914 年文华大学授予理学学士学位。1915 年文华大学首次颁授硕士学位，韦卓民本年获得文学硕士学位。经翟雅各、孟良佐校长的苦心经营，到 1920 年，计有外籍教师 12 人、中国教师 24 人、在校大学本科学生 77 人（其中 61 人为基督教徒）。学校分设有文理科和神学科，在文理科就读的学生 71 人，在神学科就读的学生 6 人。文华大学已毕业学生 73 人。

时象晋创办私立滋兰女学堂

张之洞督鄂期间，十分重视教育，对民间集资办学也大力提倡，多方予以扶持。光绪二十八年（1902），湖北巡抚端方颁布《鄂省普及学塾章程》，规定“民间有志愿兴学者，能设此学堂愈多愈有益；随时报知学务处，即发告示准办”。光绪三十一年（1905），张之洞又指示学务处对武昌各私立学堂进行查验，看它们所设的学科门目、办事章程是否符合学堂章程，只要符合章程，就准予学生毕业。

在这种奖励教育的时风之下，私立学堂如雨后春笋般创立。湖北枝江人时象晋，早年乡试中副榜，取得举人功名，他思想开明，曾赴日本

时象晋像

考察教育，回国后创办了枝江高等小学堂，具有丰富的小学经验。宣统元年（1909），他募集资金在武昌棋盘街租赁民房，开办了滋兰女学堂，这是武汉有私立女学堂之始。校名“滋兰”出自屈原《离骚》“余既滋兰之九畹兮，又树蕙之百亩”句，寄寓着女学堂开办者培养品行高尚人才的志向。

农、工、商业教员讲习所开办

为尽早造成实业师资，湖北省学司经过督抚批准，在省城武昌创办农、工、商三教员讲习所，资格上规定须在简易师范、预备中学、高等小学毕业者方准报考。学制三年。出示招生名额各 60 名，但实际入学人数不等。

农业教员讲习所于宣统元年二月（1909 年 3 月）在省城大贡院开办，

教职员15人，学生61人，开设伦理、算学、气象、化学、昆虫、肥料、教育、英文、体操、实业等课程。

商业教员讲习所于同年四月（1909年5月）也在大贡院开学，教职员16人，学员59人，开设伦理、商业作文、商业算术、商业历史、商业地理、簿记、商品、经济英语、物理、教育、体操等课程。

工业教员讲习所于同年六月（1909年7月）开学，以昙华林停办之支郡师范学堂为校舍，教职员12人，学生70人，开设伦理、教育、文学、英文、化学、几何、代数、体操、工业分析、工业理财、工业卫生等课程。

宣统二年（1910）

韦棣华创办文华公书林

韦棣华为办好文华书院图书馆，专程返美，先后就读于纽约普莱特学院、波士顿西蒙斯学院，专攻图书馆学，立志将西方公共图书馆学传入中国。

韦棣华像

文华公书林旧影

宣统二年（1910），韦棣华在文华学校图书馆基础上，增加馆舍空间，开设了“文华公书林”，作为文华中学、文华大学的学校图书馆，同时向社会开放，“使社会上一般人士也能享受它的便利”，这是中国第一个公共图书馆。中国古代将图书较多的藏书处称为“书林”，但不是官方的图书馆就是私人的藏书楼。韦棣华在“书林”前加一“公”字，揭示了它的公共图书馆性质。

该馆设施齐全，设编目室、参考室、阅览室、报纸杂志室、书库、外文书籍专藏室。据统计，1918 年收藏有中文书籍 1 012 种 11 771 册，外文书籍 6 704 册。1921 年扩建时，拥有中文书籍 2 万多册，外文书籍 3 万册，中英文杂志 100 多种，另有古物、矿物、标本等 1 000 多件。

为了让民众充分利用公书林的资源，韦棣华十分注重宣传，每周末都要举行音乐会、演讲会，并赠送演讲券、阅览证，以吸引读者，扩大影响，还派专人分赴武汉各校，宣传公书林服务社会的意义。她还注意培养图书馆人才，将潜心于图书馆学的沈祖荣、胡庆生派赴美国留学，后来，沈、胡回国协助韦棣华创办了文华大学图书馆学科。

韦棣华创办的文华公书林得到了知识界的高度赞誉，蔡元培曾评价道：“文华公书林于众图书馆中，乃如老成先进，弥孚众望。”

艺师养成所开办

宣统二年五月（1910 年 6 月），署学司李文宗根据学部关于迅速开办艺师养成所以资推广实业教育的饬令，特与学务公所实业课长议定，立即以昙华林工业讲习所校舍开设艺师养成所，招致士人肄业，不限资格，择其可造就者取之。限一年卒业，派往各州县充当艺徒学堂艺师。

以前方言学堂监学李步青为艺师养成所总理，布置一切，于当年暑期后开学。

李四光任教湖北中等工业学堂

李四光像

李四光是著名的地质学家，在新中国的科技史上有着重要的历史地位；而他流传于世的大名及其早年的教育经历，与武昌昙华林密不可分。

李四光（1889—1971），原名李仲揆，湖北黄冈人。光绪二十八年（1902），只身赴武汉求学，投考武昌高等小学堂，在领取报名表时，在姓名栏误填了年龄十四，遂改名“李四光”入学，分在西路高等小学堂（第二高等小学堂）肄业。李四光勤奋好学，成绩优异，光绪三十年（1904）由官费派赴日本留学，入东京弘文书院普通科学习。光绪三十三年（1907）又考入大阪高等工业学校，学习造船专业。宣统二年（1910），李四光毕业回国，被派往武昌的湖北中等工业学堂任教。

湖北中等工业学堂位于昙华林东端、武昌城东北角，隔丰备仓与东路高等小学堂相对。李四光在此教书不久，应清学部留学生考试，取得“工科进士”称号。1912 年初，李四光被南京临时政府任命为汉口建筑筹备员，又被同志推任为湖北实业司司长，但他不愿就职。1913 年，湖北军政府推派李四光为稽勋留学生，官费英国留学，进入伯明翰大学学习采矿专业，至此奠定了他一生的学术方向。

美国实业团访问文华大学

罗伯特·大来像

在美国著名企业家、“轮船大王”、洛杉矶商业会议所会长罗伯特·大来（Robert Dollar）的促成下，美国太平洋沿岸联合商会代表团（简称“美国实业团”）于宣统二年八月（1910 年 9 月），应中国商会的邀请首次访华。该团团员 23 人，同行夫人 17 人，随员 2 人，团长为美国洛杉矶商业会议所前会长维利阿姆·H. 普慈，罗伯特·大来则是代表团的灵魂人物。他们在参观南洋劝业会、考察江浙各企业后，在沪宁各埠所派伴送员的陪同下，于八月二十七日（9 月 30 日）晚抵达汉口。每到一处，罗伯特·大来都强调实业团访问的目的是“增进彼此之友好感情”和“增进两国之贸易”。美国实业团在汉期间，坚决贯彻此既定目的，先后考察了扬子机器厂、汉阳铁厂、既济水电公司和纺纱、织布、缫丝、制麻四局等企业，会见了湖北和武汉各界人士，进行交流活动。

九月初一日（10 月 3 日）中午 11 点半，实业团出席美国在鄂教会所办文华大学茶会。学校当时有学生 400 余人，为欢迎实业团一行，全部列队操演各式体操，并唱中美两国国歌。次日上午 9 点钟，美国实业团在汉口大智门火车站乘邮传部特派专车北上。

宣统三年（1911）

黄负生进入工业传习所学习

中共早期革命家黄负生（1891—1922），原名凤清，湖北江夏（今武昌）人，原籍安徽休宁。黄负生自幼丧父，家境贫困，后就读位于昙华林的工业传习所，与刘公等人交往密切，参与革命活动。武昌起义爆发后，曾参加学生军。1913年，黄负生在武昌中华大学任教，讲授国文，与在校读书的恽代英交往，参与主编《光华学报》，并发表了不少诗文。1917年，黄负生与恽代英等发起成立武汉地区第一个进步社团——互助社，积极投身于新文化运动。1919年，他与恽代英等人一起积极领导武汉的“五四”爱国运动，在“五四”运动中武汉方面所发出的文电及宣传文章，多出于其手。1920年，黄负生等人创办《武汉星期评论》，黄负生任主编，刊物主张改造社会、改革教育、妇女解放、批评时政。中国共产党成立后，《武汉星期评论》成为武汉党组织的机关刊物。同时，黄负生还参加了陈潭秋领导的马克思学说研究会，并经陈潭秋介绍加入了中国共产党，成为湖北地区最早的中共党员之一。黄负生在黄土坡（今首义路）的住所是武汉党组织——中共武汉区执行委员会机关，建党初期各项活动就是在他家部署的。黄负生任区执委会宣传委员，除担任区委机关报《武汉星期评论》主编外，还在武昌中华大学、致忠中学等四所学校兼课，为党筹集资金。

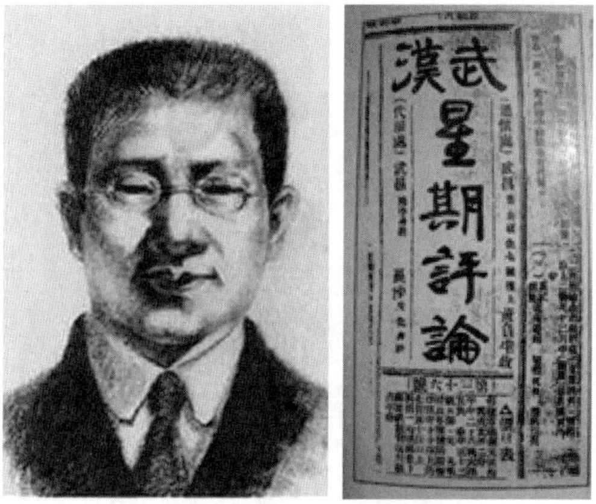

黄负生与他主编的《武汉星期评论》

黄负生参与领导了汉口人力车工人罢工、湖北女师学潮等活动，1922 年 4 月初病逝，葬于武昌洪山。在 1945 年中共七大上，黄负生被追认为革命烈士。在党组织培养下，他的子女都成了党的新闻、文艺干部或作家，其子黄钢是著名的报告文学家、电影《永不消逝的电波》的第一作者；其女黄铁则是叙事长诗《阿诗玛》的第一作者。

毛泽东在评价两湖地区中共早期革命家时曾说“湖南有个蔡和森，湖北有个黄负生”，可见黄负生当年地位之高。2010 年，武汉革命博物馆首次举办了全面介绍黄负生生平的展览——“湖北有个黄负生”。该展以数十件珍贵实物、照片及其他辅助展品，展现了黄负生战斗的一生。

陈雨苍毕业于湖北军医学堂

著名革命医师陈雨苍（1889—1947），字少峰，又名少云、晓峰、晓云，湖北荆门人。清末毕业于湖北军医学堂，武昌首义时为工程营卫

陈雨苍像

生队长，参加了阳夏战役，后任湖北工兵营军医和救护队长。曾任安襄郧荆招讨使季雨霖部军事参议、民事参谋、卫生科长兼野战医院院长，后以公费留学日本东京帝国大学医科，毕业回国后又申请勤工俭学，赴柏林医科大学深造。1916 年获医学博士学位。

1920 年，陈雨苍回国，任北京内务部卫生司行走。次年回到湖北，用庚子赔款在武昌创办湖北省立医学专门学校（后改为省立医科大学），校内附设中医传习所、女生护士班及助产士班。陈雨苍任校长，在此期间与董必武结为挚友。1926 年后，陈雨苍离开学校，在汉口华商街泰安里挂牌行医，并从事革命活动，次年加入中国共产党。后将同济医院的房屋、财产与自办的诊所合并，建立汉口医院，同时兼任湖北省立医院院长，并倡议成立武汉市医师公会。

1931 年 2 月 27 日，陈雨苍被国民党武汉行营侦缉处逮捕入狱，双腿受折磨致残。8 月底，经浙江省主席张难先、江西省主席鲁涤平保释出狱。同年秋，任上海国立同济大学秘书长兼医学院院长，继续为中共中央做地下工作。1933 年，受党指示，陈雨苍任上海九江路瑞士汽巴洋行药厂药师，以推销药品为名往来北平、天津、青岛、济南、香港等地，从事秘密工作。1934 年，陈雨苍出任国民政府司法院法规委员会委员，并以此为掩护从事革命工作。

抗战爆发后，陈雨苍仍留上海从事革命。1938 年，陈雨苍在上海静安寺路再次挂牌行医，从事地下工作。1940 年，中共党组织派张树馨协助其工作（对外以夫妻相称），在法租界拉都路（现襄阳路）2 号设置中共中央直属地下电台，为党传递情报。由于日军严密监视和搜索，1942 年，电台被迫撤除，当年夏奉命离沪赴渝，12 月下旬到达重庆。1943 年春，受周恩来指示，陈雨苍受聘国民政府司法院法规委员会名誉秘书，进行统战工作。当年冬，由于过度操劳，高血压病复发致半身不遂，不久去世。陈雨苍逝世后，安葬于上海虹桥公墓。

共进会设同兴学舍于巡道岭

宣统三年（1911）三月，谭人凤奉同盟会中央统筹部之命布置筹划长江军事，携款抵汉，与居正、孙武、杨时杰、刘英、查光佛等聚商于旅舍，密计湖北革命之事，并访问文学社各同志。谭人凤说："我奉黄兴的命令，回来督率长江流域的革命。南京、九江，已有联络。两湖尤关重要。因黄兴与胡汉民、赵声诸兄均在香港，各省同志毕集，决定近期在广州起事。到时候，两湖应急起响应。"湖北党人异常兴奋，皆感觉离发难之日不远，会务进展极其迅速。谭人凤拿出 800 元交给居正作为活动经费。孙武则用其中 200 元在武昌左、右旗间的黄土坡（今首义路）开设同兴酒楼，效仿梁山泊朱贵故事，以邓玉麟为经理，在此联络人员、发展组织。同时，在巡道岭（今粮道街）设同兴学舍供党人寄宿、联络。依据当时的法令，房主不得租屋给没有眷属的单身者，于是邓玉麟接扬州佘某与其妻谢氏住进社中。陈磊、赵师梅、费孟谦、赵学诗等经常出入于此。赵师梅是同兴学舍负责人，赵学诗协助其兄处理事务。后因资金不足，酒楼停业，而学舍“赖师梅、学诗等资助维持，至八月起义时尚存”。

《大汉报》社址迁至武昌贡院前街

革命党人胡石庵于宣统三年八月二十四日（1911 年 10 月 15 日）创办了武昌起义后国人自办的第一家革命舆论机关《大汉报》，馆址设

△黃帝紀元四千六百零九年九月初三日
大漢報
△西歷一千九百十一年十月廿四號禮拜二
第十號
社說
敬告全鄂人民致袁世凱書

《大汉报》

在汉口歆生路大成印刷公司内。该报宗旨为“以言论造成民国”，代湖北军政府宣达命令，张大革命影响。在清军大举进攻汉口时，报馆被焚毁，馆员3人罹难，发行仅14号就被迫停版。九月十八日(11月8日)，报馆迁至武昌继续出版，先设于斗级营时新印刷馆，旋迁贡院前街14号。湖北军政府拨款资助复刊，规模乃有所扩大，日出三大张，开辟有社论、译著、要件、小说、命令、本馆专电、特约路透电、公电摘要、紧要新闻、各省新闻、国外新闻等栏目。

黄兴亲登凤凰山炮台

黄兴戎装像

凤凰山位于今武昌实验中学背后，面积仅2万平米，海拔也不到50米。在军事上，凤凰山是一个要塞，张之洞曾在山上建有炮台。辛亥革命时期，革命巨子黄兴曾亲登此山。

黄兴是中国近代民主革命家，中华民国的创建者之一。光绪二十九年(1903)，黄兴曾在昙华林活动，进行革命的宣传与组织工作。黄兴第二次来昙华林，则是他亲登凤凰山，勘察炮台，时间约为宣统三年(1911)九月下旬，此时正处于阳夏战争期间。在战事吃紧之时，黄兴来到武汉，极大地鼓舞了革命军的士气。黄兴很快被任命为战时总司令，领导武汉保卫战。此时凤凰山炮台发挥了巨大作用，不仅阻击江面来犯之敌，而且炮击盘踞汉口、汉阳的清军，多次击毁清军军事要地。但在战斗中，凤凰山炮台几次出现意外，炮击到汉口英国租界，引起英国方面的抗议，引发了外交争端。在敌我双方处于激烈交战之时，外交极为重要，稍有不慎，将造成不可挽回的损失，此事非同小可。在此情形之下，黄兴亲登凤凰山查看，查出了大问题：原来，炮台有奸细！汉奸故意炮击英租界，破坏革命军政府与英国的关系，企图从外交上瓦解革命。黄兴亲登凤凰山，在炮台亲自试放三炮，每一炮都准确地在敌军阵地爆炸，看来，炮台、大炮肯定没有问题，问题出在炮兵身上。果然，经过审讯，终于揪出 4 名奸细，原来，他们被清军首领张彪派人收买了。张彪是湖北新军第八镇统制官，是反对革命的顽固分子。武昌起义爆发后，张彪狼狈逃窜到汉口，清军南下后，他又加入镇压革命的活动之中，指使人用巨款贿赂了凤凰山炮台 4 名官兵，没想到被黄兴亲自侦破。黄兴下令将首犯予以处决，炮台恢复正常，一场外交危机就这样被化解了。

鄂军都督府暂设昙华林

1911 年 12 月 3 日，黎元洪将鄂军都督府移至昙华林。移驻之时，黎元洪还十分落魄。武汉三镇光复不久，清政府派兵南下镇压，于是，在武汉三镇展开了 40 多天的激烈战斗，史称阳夏战争。湖北革命党人为保卫武汉、捍卫革命成果，付出了重大代价。由于武汉民军部分将领不听号令，士兵多系招募的新兵，战斗经验相当缺乏，武器也处于劣势，为革命牺牲者不下万人。而北洋军则训练有素，还配有革命党人所缺乏的机关枪——其杀伤力是革命军兵败汉口、汉阳的一个重要因素。

黎元洪像

汉口、汉阳相继失守后，武昌处于清军炮火之下。11 月 29 日，清军开始在龟山炮击武昌，12 月 1 日，都督府中炮起火。在此情形下，黎元洪偷偷外逃至葛店。他的外逃后果相当严重：军心、民心动摇，城内一片混乱，士兵、百姓闻讯后，纷纷逃亡，导致在城门形成拥挤，甚至发生踩踏，不少人死于非命。在紧急关头，革命党人推举总监察刘公主持大局。为稳定人心、维持秩序，刘公、蒋翊武等革命党人几次派人奔赴葛店，劝说黎元洪回城，虽苦口婆心，但黎元洪不为所动。

转机来自英国领事的居中调停。12 月 1 日，英国驻汉口领事葛福派馆员盘恩渡江到武昌，与民军接洽，希望双方停战三日，并转达北洋军队的停战意向。其实，袁世凯要求停战的目的，是逼迫清政府就范，但此举正合革命党人心意，革命党人立即同意在协议上盖章，无奈都督印章在葛店黎元洪处。革命党人只好令人仿制，雕刻一枚印章以应急需。双方停战后，黎元洪这才回到武昌城内，选择昙华林为都督府之地。何以选择昙华林？一方面是红楼部分建筑毁于战火；另一方面，则是昙华林相对安全。

当时，人们习惯于把蛇山以南称为山前、以北则称为山后。昙华林位于山后，有蛇山作屏障，阻挡来自龟山的炮火，自然比较安全。昙华林又有东西走向的螃蟹岬、花园山横亘其间，比较隐蔽。而且，昙华林四周皆西人教堂、学校、医院、住宅，俨然一小租界，清军不敢侵犯。都督府设置于东路小学堂，背靠螃蟹岬，面对花园山，僻静秀丽。在此处理军政大事，既安全又幽静，各职员得以安心治事。黎元洪在此地待了至少一个月，直到 1912 年 1 月 11 日，他在发布的命令中还有“予在昙华林都督府”的字样。

在昙华林期间，黎元洪的权势迅速上升。一是获得湖北的实权。湖北军政府成立时，军政决策出于革命党人掌控的谋略处。10 月 28 日，同盟会二号人物黄兴来武汉，11 月 3 日被推举为战时总司令，11 月 27 日黄兴离开武汉后，总司令一职由革命党人蒋翊武暂时护理。黎元洪借助旧军官杜锡钧和投靠他的原共进会核心人物孙武等人，利用文学社与共进会的矛盾，对革命党人进行打压，先解除蒋翊武护理战时总司令职务，以同盟会中部总会负责人谭人凤代替，将总司令易名武昌防御使兼北面招讨使。不久，以谭人凤年老且不懂军事为由，夺去其军权，由孙武掌控，后因军界反对，改推起义临时总指挥吴兆麟任战时总司令，孙武仍任军务部长。不久，黎元洪又免去吴兆麟总司令职务，以孙武继任，旋改为杜锡钧代理。这样，通过排挤革命党人，黎元洪控制了军权。二是在全国的地位飙升。随着各省独立，各省军政府纷纷建立，并响应湖北倡议，派代表来武汉商议，组建全国政权。代表们决定，在临时大总统未产生以前，以湖北军政府为中央军政府，黎元洪的地位随之水涨船高，前途一片光明。三是先后被推举为全国大元帅、临时政府副总统。12 月 4 日，在上海的各省代表推举黄兴为大元帅，黎元洪为副元帅。后因黄兴坚辞，改推黎元洪为大元帅、黄兴为副。1911 年 12 月底，孙中山回国；29 日，被选为临时大总统；1912 年 1 月 1 日，宣誓就职，中华民国南京临时政府宣告成立。1 月 3 日，黎元洪被推举为副总统。一个被迫就任的无权、落魄的都督，变成了权倾一时、全国瞩目的副总统，实现了华丽大转身。这是中国近代史上的一个传奇。

1912 年

私立武昌中华大学创办

1912 年 5 月 13 日，租借武昌府后街和昙华林的私立武昌中华大学正式开办。这是中国近代第一所私立大学。

首任校长陈宣恺，湖北黄陂人，清末进士，曾任湖北蕲州府学官，被推选为湖北咨议局议员，其子陈时于光绪三十三年（1907）东渡日本

中华大学校门

留学，留心教育事业，对日本教育家福泽谕吉创办私立学校钦佩有加，写信给其父陈宣恺，表示回国后立志兴教。陈宣恺对此表示赞许和支持，于宣统二年（1910）在府后街创办了“中华学堂”。

宣统三年（1911），陈时学成归国。中华学堂在辛亥革命时停办。据陈时自述，“民国成立，以教育为陶冶共和国民要图”，陈宣恺也乐意陈时从事教育，并愿意捐出大半家产。同时，陈时伯父陈朴生无子，以陈时兼祧，亦出资兴教。这样陈氏兄弟捐出田地 200 石、白银 3 000 两、官票 5 000 串、家藏书籍 3 000 余部，还得到友人的支持和帮助，于 1912 年 5 月重开学校，初名“私立中华学校”，8 月开始招生，男女兼收，全校共有学生 700 余人。男生校舍在武昌府后街（今自由路）14 号，女子部在昙华林。学校分为大学部、预科专门部、政法两科、中学科、英文专修科、小学科等；女子部设有简易师范，分为文学和职业两科，开中国女子接受高等教育的先河。

由于学生众多，校舍不能容纳。同年 10 月，湖北军政府都督黎元洪下令将粮道旧署及其附属的叶公祠等祠堂庙产一并划拨给该校作为永久校舍。

1913 年，学校呈请教育部更名为“中华大学”，次年教育部派员视察备案，1915 年正式立案更名为中华大学，并以倡办人陈宣恺为学校正式代表人。1914 年 1 月，江汉大学停办，其中 150 人转入中华大学。1917 年 11 月，陈宣恺去世，由其子陈时继任中华大学代表人兼校长，定校训为“成德、达材、独立、进取”。1920 年 2 月，中华大学组织校董会。次年 3 月，调整学校组织系统，在校长下设立教务、总务两处，由林立任教务长，李式金任总务长。4 月，校董事会正式成立。1926 年 4 月，校舍被军阀刘玉春毁损，学校停办。

陈时像

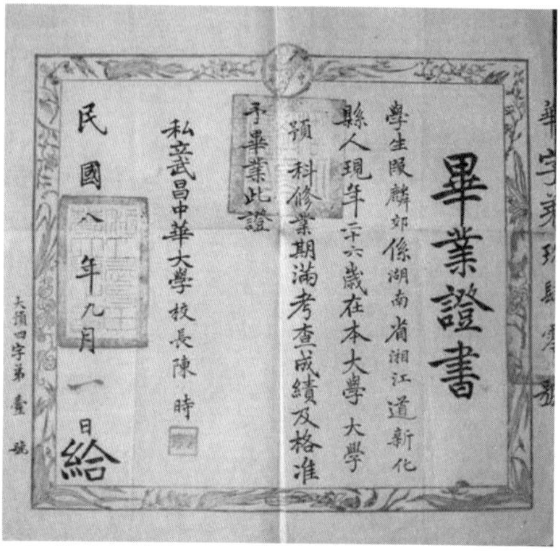

畢業證書
學生陳麟如係湖南省湘江道新化
縣人現年二十六歲在本大學大學
預科修業期滿考查成績及格准
予畢業此證
私立武昌中華大學校長陳時
民國八年九月一日給
大預四字第壹號

私立武昌中华大学学生毕业证书

1926 年冬，国民政府迁到武汉，重视改革高等教育，将国立武昌大学等高校与中华大学大学部及专门部合并改组为国立武昌中山大学。1927 年冬，国立武昌中山大学停办。1928 年 1 月，中华大学武汉校友发起复校运动，呈请湘鄂临时政务委员会批准，2 月接收校址，3 月 13 日开学。12 月，令准学校立案。1938 年，日军进逼武汉，中华大学奉令西迁至重庆。1946 年春，学校复员，迁回武昌旧址。

陈时担任校长近 30 年，在其主持之下，中华大学教学质量很高，获“北张（指南开大学校长张伯苓）南陈”美誉，教育家蔡元培也为中华大学题词“斐然成章”。

除陈宣恺、陈时外，王震寰、严士佳也曾相继担任过中华大学校长。1952 年全国高等学校院系调整，中华大学撤销，其院系分别并入华中高等师范学校（华中师范大学前身）、中南财经学院（中南财经政法大学前身）和武汉大学。

湖北省立第一中学创办

湖北省立第一中学沿革复杂，其前身之一是光绪二十九年（1903）张之洞创办的东路高等小学堂，光绪三十一年（1905）改为道师范学堂，光绪三十三年（1907）依托此校成立湖北工业中学堂，宣统元年（1909）在此开办第二文普通中学堂。

1912年10月16日，以第一、二文普通中学堂为基础，创立湖北省立第一中学，校址在武昌城东北角。湖北军政府民政长夏寿康任命李熙为校长。此后，学校并入临近的丰备仓和工业学校校舍，并在武昌烈士祠（今张之洞路）设立高中二部，在贡院街（今楚材街）设立初中二部，在宝积庵设立高中农科。从创办之日到1931年止，湖北省立第一中学有31届毕业生，计1 400余人。在此期间，还合并有省立第一师范学校，省立二中、三中，国立武昌大学附中，晴川中学，甲种商业学校等。

十四中校门（左边有“湖北省立第一中学”牌子）

该校后来先后改称湖北省立武昌中学、省立武昌初级中学、湖北省武昌第一中学，1955 年更名为武汉市第十四中学，延续至今。

冯友兰求学于中华大学

著名哲学家冯友兰（1895—1990），河南唐河县人。7 岁开始在家接受教育，后入县立高等小学、开封第五中学。至于他民国元年(1912)的读书经历，许多著述都只说他在 1912 年冬入上海第二中学的高中预科班就读，没有谈及他 1912 年在武昌昙华林的短暂时光，只有中华大学校史提到。还有著作认为，冯友兰 1918 年毕业于武昌中华大学。实际上，冯友兰在《自述》中说得很清楚："我于民国元年春天又到开封中州公学上学，可是从杨源懋去世以后，学校大不如前，教师的阵容也不整齐。湖北有个绅士名叫陈时，说他奉父命捐款在武昌办了一所学校，叫'中华学校'，以黎元洪为校长。当时黎元洪的威望很高。我想转到武昌上学，写信回去同母亲商量。大概是因为武昌是旧游之地吧，一说母亲就同意了。我到武昌上了中华学校。校舍是原来的粮道衙门。这所学校后来改名为中华大学，出了一个有名的学生，就是恽代英。我在中华学校不久，又听说上海中国公学要招生了。这所学校倒有一段光荣历史。在日本的中国留学生，有一次不满意日本政府对中国学生的待遇，集体回国，自办学校，名为'中国公学'。创办的时候，也出了一个有名的学生，就是胡適。在辛亥革命的时候，中国公学也停办了。这时候中国公学又恢复招生，推举黄兴为校长。用黄兴的名义向各省发出电报，叫各省选派学生。河南省很重视这件事，决定选拔二十名学生，到上海中国公学上学，每人每年发官费二百两银子。河南省决定以后，

青年冯友兰像

发出通告在开封招考。我同几个同学回到开封应试，被录取了，我就于民国元年的冬天同其余十九人一起到上海，进中国公学。”这就是冯友兰与昙华林的渊源。

1915 年 9 月，冯友兰考入北京大学，开始接受较为系统的哲学训练，1918 年毕业。1919 年，冯友兰赴美考察，1923 年回国，从事中国哲学史研究与教学。1949 年后，冯友兰任中国科学院哲学研究所中国哲学史组组长，中国科学院哲学社会科学部常务委员，第二、三、四、五、六届全国政协委员和第四届全国人大代表。

冯友兰为著名的哲学家，著有《中国哲学史》《中国哲学简史》《中国哲学史新编》《新理学》《新世训》《新事论》《新原人》《新原道》《新知言》等。

余家菊就读于文华大学

著名教育家余家菊（1898—1976），湖北黄陂人。清光绪三十年（1904）入私塾，宣统二年（1910）入黄陂县立道明高等小学，1912 年考入私立武昌文华大学预科班学习，旋转入中华大学预科，1915 年入中华大学本科中国哲学门学习，与恽代英同班，任《光华学报》社编辑，参加互助社，与恽代英发起成立进德会等进步组织。1918 年 6 月毕业，任该校附中部监学。1919 年参与创办利群书社，加入“少年中国学会”，常在其机关刊物——《少年中国》上发表文章。同年底去职。1920 年 2 月，考入北京高等师范学校教育研究科第一班，开始翻译西方哲学著作。1921 年执教河南第一师范学校，兼任河南省教育厅编辑和河南留学欧美预备学校教师，翌年赴伦敦大学学习心理学，一年后入爱丁堡大学攻读哲学。1924 年回国，任国立武昌师范大学教育哲学系主任。次年，进入中华书局，与曾琦一起创办《醒狮》周报并担任教育副刊编辑。《醒狮》是当时国家主义派的喉舌。同年，加入中国青年党，并与李璜、陈启天等人发起组织“国家教育协会”。1926 年被选为中国青年党中央委员。自该年起，先后在东南大学、东北私立冯庸大学、北京师范大学、北京大学、北平中国大学、河南大学任教。

余家菊积极从事政治活动和社会活动，曾连任四届国民党政府“国民参政会”参政员，代表中国青年党竞选国大代表，被选为国民政府委员，并任国民党政府总统府国策顾问。

中国青年党成立初期反对共产主义，反对国共合作；但在抗战中，曾呼吁停止内战，一致抗日；在解放战争时期依附国民党，1949 年余家菊随国民党去台湾，寓居台北。

余家菊是中国近代著名的教育家、思想家、社会活动家，国家主义教育学派的代表人物，著有《英国教育要览》《国家主义概论》《国家主义教育学》《师范教育》《伦理学浅说》《教育社会哲学》《教育原理》等十余部。台湾曾出版《余家菊全集》。

其子余传韬捐资在华中师范大学（文华大学、中华大学均系其前身）设立了“余家菊奖学金”。

陈启天入中华大学学习

国家主义派代表人物陈启天（1893—1984），湖北黄陂人。清光绪三十一年（1905）入湖北高等农务学堂附属高等小学。翌年，转入新设的黄陂县道明小学。宣统二年（1910）春，升入湖北高等农务学堂附属中学。辛亥革命爆发，参加革命，入北伐军第二军宪兵队。1912 年考入武昌中华大学。1915 年毕业后，在汉口民新学校、中华大学附中、湖南省立第一师范学校任国文教员。1921 年考入南京高等师范学校，参加少年中国学会，接受国家主义学说，与余家菊、李璜等人力倡“国家主义教育”，并使之成为当时极有影响的一种教育思潮。1924 年毕业后，任上海中华书局编辑，主编《中华教育界》，与曾琦等创办《醒狮》周报，组织国家教育协会。1925 年加入中国青年党，次年任该党中央委员兼训练部主任。1928 年任四川大学教授，1929 年任上海知行学院院长，1930 年当选为中国青年党审查委员会委员长。

抗日战争期间，任历届国民参政会参政员。1941 年 3 月参加中国民主政团同盟（后改称中国民主同盟），曾任中国民主同盟中央执行委员。1945 年当选为中国青年党中央常委、中央执行委员会秘书长。1946 年政治协商会议召开前夕，被民盟开除。1946 年参加国民代表大

陈启天像

会。1947 年 4 月出任南京国民政府经济部长。1948 年 5 月改任政务委员兼工商部长。

国家主义派及中国青年党初期鼓吹国家主义，抵制共产主义，反对国共合作。抗日战争时期，陈启天曾呼吁停止内战，一致抗日。解放战争时期，则依附国民党。1949 年中国青年党离开大陆，陈启天随之赴台。

陈启天是教育家、政治家、社会活动家，著有《最近三十年中国教育史》《张居正评传》《商鞅评传》《中国法家概论》《韩非子校释》《近代中国教育史》《民主宪政论》《寄园回忆录》等。

文华大学预科创建中国最早童子军

童子军起源于英国，致力于通过户外野营等训练模式，将少年儿童培养成于社会有用的人才。1907 年罗伯特·贝登堡在英国白浪岛举办第一次童子军露营，并撰写《童军警探》，制定了童子军运动的原则，他的著作通过传教士传播到中国。

严家麟（1890—1977），别号嘉林，湖北武昌人。出身于绅商家庭，早年就读于文华书院。在校期间，负责指导、带领幼童活动，他注意到学校图书馆中有英国童子军书刊，几位外籍教师也向他介绍了国外相关情况。严家麟特别留意童子军的释义规约以及课程内容，将国外相关书刊编译成中文，准备在幼童部按照英国童子军的方法施以训练。

1912 年 2 月 25 日，严家麟在文华大学预科（原文华书院）组织 60 多名年满 16 岁的学生举行宣誓礼，中国最早的童子军正式宣告成立，严家麟被称为“中国童子军之父”。童子军运动很快风靡中国。1916 年初，博学书院大学部、汉口教区总教堂附属学校和福齐学校等相继成立了童子军。1919 年，武昌高等师范学校也组建起童子军。到 1921 年文华大学成立 50 周年时，学校已有 126 名童子军在册。

严家麟像

男童子军在接受检阅

南京国民政府成立后，成立了中国国民党童子军司令部，后更名为中国童子军司令部。中国童子军主要目的是培养少年儿童的动手能力，锻造人格高尚、知识丰富、体魄强健的未来有用人才。

抗战期间，上海女童军杨惠敏向四行仓库孤军献旗，被誉为“中国抗战形象大使”。

湖北法政专门学校迁至贡院旧址办学

光绪三十四年四月（1908 年 5 月），为了培养湖北政治法律专门人才，湖广总督赵尔巽根据清政府的规定，主持创办了湖北法政学堂。校

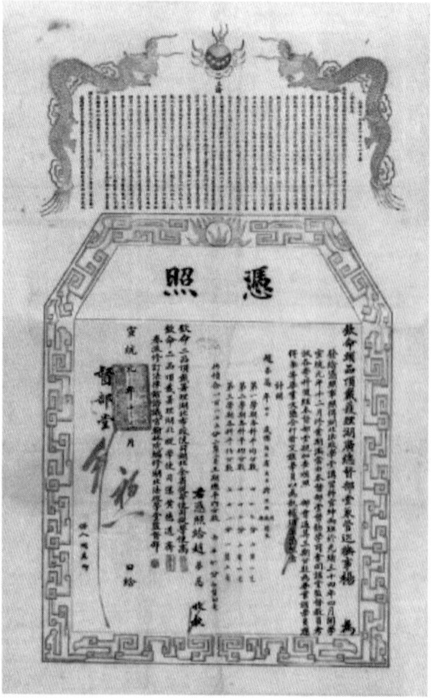

法政学堂文凭

址设在武昌抚院街（今民主路）胭脂山南麓，由旧抚台衙门改建而成。当年 5 月，赵尔巽在武昌王府口巡抚衙门举行了正式开学仪式。邵章为监督。内分官班、生班，学制为讲习科和专科两种，前者三学期，后者三年。官班训练候补州县和佐杂人员，生班由各县保送秀才和预备中学及高等小学毕业生。学校草创之初，仅设政治、法律两科，首期招收学生 380 人。辛亥革命武昌起义后停办，1912 年率先恢复，并更名为公立湖北法政专门学校，迁至贡院旧址办学。1924 年，该校与同在此地办学的私立湖北法政专门学校合并，更名为湖北省立法科大学，1926 年并入武昌中山大学，为武汉大学法学院的前身。

私立法政学堂系清末武昌地方检察厅检察长谢健等人创办。校址与公立法政专门学校毗邻。后改名私立湖北法政专门学校。预科学习国文、法律通论等课程，本科开设比较宪法、民法、法制史等课程。

1914年

湖北省立女子职业学校创办

1914年春，湖北省立女子职业学校创办于武昌正卫街，分为普通、专修、缝纫、刺绣、手工、造花等科，后增加毛巾、织袜2门。1916年秋，学校添招中学生，改名为湖北省立女子中学校。1924年更名为湖北省立第一女子中学校，设初中2班、职业速成班3班。1927年，改为湖北省立第一女子中学第二部，设高中师范科、普通科初中，共13班。第一部在武昌洪井街，也是校本部。1928年，湖北省立第一女子中学第二部的高中师范科独立出来，成立湖北省立女子师范学校，办学地点是武昌正卫街。1937年抗日战争全面爆发，学校在1938年武汉沦陷前西迁至湖北建始县松树坪，更名为湖北省联合中等以上学校建始女师分校。1941年更名为湖北省立第一女师。1945年底，迁回武昌，更名为省立武昌第一女子师范学校。1949年3月，有普通师范和幼师9个班，学生378人。6月，该学校被湖北省政府接管，并入湖北教育学院附属师范学校。

1915年

得胜桥建人子堂

福音道路德会是美国的基督教分支，1913年该会传教士牧师雅仁德夫妇来到武汉，这是福音道路德会来华传教之始。该会总部一直设于汉口，先在华清街，后迁法租界海寿里、花布街等处，但它传教的触角不久即延伸到武昌。

1915年，该会在昙华林得胜桥兴建了基督教人子堂，这是路德会在武昌建立的第一座礼拜堂，现旧址尚存，用作民宅。

该教派宗教色彩尤其浓厚，1927年大革命时，该会所办路德中学坚持采取与革命运动敌对的立场，成为唯一被停止宗教活动的基督教教派。1934年该会所办7所小学，坚持向儿童教授宗教课程，因拒绝向中国政府立案而遭封闭。该会曾用信义会和路德会之名，为避免与在鄂北的挪威路德会混淆，1927年更名为美国福音道路德会，1942年定名为中华福音道路德会。

林育南入中华大学附中学习

林育南（1898—1931），湖北黄冈（今团风县）林家大湾人。1915年

林育南像

来武昌昙华林中华大学附中学习，结识在该校求学的恽代英，在恽代英影响下参与新文化运动。1917 年 10 月，林育南参加恽代英组织的互助社。1918 年，与恽代英在中华大学门口开设启智书屋，售卖进步书刊。1919 年，林育南在武汉领导学生声援北京“五四”爱国运动，被选为武汉学生联合会负责人之一。1920 年，他与恽代英创办利群书社，宣传新文化和马克思主义。

1920 年 9 月，林育南考入北京国立医学专科学校。1921 年回到湖北，与恽代英等人建立具有共产主义性质的共存社。1922 年初，加入中国共产党。同年 5 月起，先后任中国劳动组合书记部武汉分部主任等职，参与领导了 1922 年 9 月粤汉铁路工人罢工、1923 年 2 月“二七”大罢工、1925 年五卅运动、1927 年汉口工人收回英租界等重大斗争。

1923 年 6 月，林育南赴广州出席中共三大，8 月到南京出席中国社会主义青年团二大，当选为团中央委员、团中央秘书、组织部长，并兼任《中国青年》主编。1927年，林育南出席在武汉召开的中共五大，被选为候补中央委员。1927年6月，任全国总工会执委会委员兼秘书长、宣传部长。

大革命失败后，林育南转入地下斗争，先后任中共湖北省委常委兼宣传部长、中共湖北省委代书记。同年底赴上海，先后任中共沪东区委书记、全国总工会执委会委员等职。1930年起，任全国苏维埃区域代表大会中央准备委员会秘书长。

1931年1月17日，林育南被捕，不久即在上海龙华英勇就义，时年33岁。

1916年

刘仁静入中华大学附中学习

刘仁静像

中共一大代表刘仁静（1902—1987），字养初，又名亦宇、敬云，湖北应城人。1914年小学毕业后，考入英国教会办的博文书院，因缺乏学费，两年后转入武昌中华大学附中就读三年级。中华大学在当时是比较开放的学校，在规定的课程之外，允许学生有自由研究的空间和接触社会的机会。该校涌现了一批后来著名的政治家，如恽代英、林育南等。一年后，刘仁静结识恽代英，受其影响很大，阅读了一些当时比较进步的刊物，如《新青年》《甲寅》《学生杂志》《科学》等，参加了恽代英组织的进步团体互助社。

1918年，刘仁静考入北京大学，积极参加“五四”运动，是运动中的风云人物，并在运动中被捕。1920年春，刘仁静加入社会主义青年团。同年10月，北京共产主义小组成立，经邓中夏、罗章龙介绍，刘仁静加入中国共产党。1921年7月，刘仁静作为北京代表，出席中国共产党第一次全国代表大会。1922 年，刘仁静和邓中夏创办并主编社会主义青年团机关刊物《先驱》，同年 9 月赴莫斯科参加共产国际第四次代表大会，继又出席少共国际第三次代表大会。1923 年，中国社会主义青年团（1925 年改为中国共产主义青年团）第二次全国代表大会在上海召开，刘仁静被推选为团中央总书记，并任《政治生活》主编。1926 年赴莫斯科列宁学院学习，参加托洛茨基派的活动。

1929 年赴土耳其拜访托洛茨基，8 月回国后组织托派“十月社”，开办托派刊物《十月》。1929 年被开除出党。1935 年被国民党逮捕，1937 年出狱，辗转到重庆、西安等地，任三青团宣传处科员，国民党第十战区战干四团教官、陕西省教育厅编审等，直到抗战结束。

1946 年赴上海，从事文化工作。1948 年任国民党政治研究室研究员，曾发表反共文章《评毛泽东的〈目前形势和我们的任务〉》。

新中国成立不久，刘仁静来到北京，接受党组织批评，表示承认错误。1950 年在北京师范大学任教，1951 年在人民出版社从事编译工作，翻译了《普列汉诺夫哲学著作选》等著作，署名刘若水。1956 年在北京师范大学讲授政治经济学。“文化大革命”期间被捕，1966—1978 年被关押。1979 年恢复自由，此时他被关押了 12 年，年已 77 岁。1986 年底，任人民出版社特约翻译、国务院参事室参事。

1987 年 8 月 5 日，在北京街头因车祸遇难，是最后一个告别人世的中共一大代表。

李求实迁居武昌

1931 年 2 月 7 日，柔石、胡也频、殷夫、李伟森、冯铿五位左翼

李求实像

革命作家在上海龙华被杀害，史称“左联五烈士”。“五烈士”之一的李伟森，笔名叫李求实，与武昌昙华林也有一段渊源。

李求实（1903—1931），原名国纬，出身于江夏金口的一个破落书香门第。祖父、伯父和父亲都是清末秀才。1915 年前后，举家迁居武昌，辗转寓于吉祥巷和戈甲营。武昌成为他求学、创作、革命的起点。他从小跟着父亲念书，1917 年考入武昌高等商业专科学校。与恽代英友善，加入恽氏创办的互助社。1919 年“五四”运动爆发后，李求实组织并参加武汉学生运动，后参与创办利群书社，开展马克思主义宣传。1922 年加入中国社会主义青年团，同年加入中国共产党，后留学莫斯科东方大学。1923 年、1927 年在团中央第二、四次全国代表大会上，先后被选为候补中央委员和中央委员，曾任团中央宣传部长、南方局书记和团中央机关刊物《中国青年》主编等职。此后主要从事党的宣传工作，参与创办、主编《上海报》《红旗日报》等，1930 年出席中国左翼作家联盟成立大会。

李求实翻译有《朵思退夫斯基》《动荡中的新俄农村》，著有《杜思退也夫斯基评传》，编有《革命歌集》等。

李求实 1931 年在上海被捕牺牲时，恽代英被羁押在南京监狱，闻讯后题诗悼念：

浪迹江湖忆旧游，故人生死各千秋。
已摈忧患寻常事，留得豪情作楚囚。

1945 年中共中央六届七中全会通过的《关于若干历史问题的决议》评价李求实等人时写道："至于林育南、李求实、何孟雄等二十几个党的重要干部，他们为党和人民做过很多有益的工作，同群众有很好的联系，并且接着不久就被敌人逮捕，在故人面前坚强不屈，慷慨就义。……所有这些同志的无产阶级英雄气概，乃是永远值得我们纪念的。"

月霞法师到中华大学讲学

月霞法师（1858—1917），俗姓胡，名显珠，湖北黄冈人。成年后在南京大钟寺剃度出家。平生留心典教，先学天台，后学华严。41 岁之后，游历湖北武汉，北京、江苏、浙江各地，随缘讲经说法，受到大江南北缁素两众称道，声誉日高。清末，担任江苏省僧教育会副会长，并主持江苏省僧师范学堂，该校为中国早期以新式教育方式培育僧才的学府。辛亥革命后，受上海佛教居士之请，月霞法师前往讲授《大乘起信论》，参与出版《佛学丛报》，并为哈同夫人罗迦陵讲说华严。1913 年，

月霞法师像

协助哈同夫人开办了华严大学，旋因故离开，接受康有为建议，率全体师生迁至杭州海潮寺继续上课。1916 年 5 月，月霞法师至汉阳归元寺讲《楞严经》，又应中华大学校长陈时邀请来校讲《大乘起信论》，慈舟法师随侍，黄侃为其助讲。月霞此行首开武汉讲经风气，被称为“鄂省居士学佛第一次殊胜缘也”。

1917 年

恽代英等在中华大学创办互助社

1917 年 10 月，时为中华大学学生的恽代英和梁绍文、冼震、黄负生等创办了互助社，其宗旨是“群策群力，自助助人”，成员还有林育南、刘仁静等。互助社是“五四”时期武汉地区诞生的第一个进步团体，也是全国最早的进步社团之一。

互助社的建立是武汉新文化运动的产物。1915 年 9 月，《青年杂志》的创办吹响了新文化运动的号角，以恽代英为代表的武汉知识分子积极响应，恽代英在《光华学报》发表了多篇宣传新文化的文章。在此背景下，互助社建立起来。

互助社借用俄国克鲁泡特金的名著《互助论》的书名，反映出该团体具有浓厚的无政府主义色彩。克鲁泡特金是著名的无政府主义者，主张人类通过互助实现共产主义，因此他反对暴力革命、反对无产阶级专政。不过，当时的无政府主义是一种新思潮，属于形形色色的社会主义思潮的一种，并以社会主义相标榜，对资本主义制度进行猛烈抨击，具有一定的积极意义。所以，“五四”时期，很多进步知识分子接受了此种思潮。

互助社制定了六条章程、八条自助戒约和《互励文》。戒约如下：不谈人过失，不失信，不恶待人，不作无益事，不浪费，不轻狂，不染

互助社成员合影

恶嗜好，不骄矜。反映出互助社成员对腐朽生活方式的捐弃和对良好道德的倡导，表达了通过倡导美德来改造社会的理想。互助社试图通过成立通俗演讲团、通俗学校、通俗图书馆、公共游戏场，兴办公共卫生处、贫民乞丐处、赈济事业，修筑道路桥梁等形式，以达到“进民德、益民智、强民力”的社会服务效果。1918 年 6 月 6 日，互助社在中华大学门口办起了启智图书室，出版进步刊物《互助》，向学生传播新思潮。恽代英等还建立起书报代售部，推销《新青年》《新潮》等进步书刊，从事新文化宣传工作。1919 年，互助社成员发展到近 20 人。

在互助社的影响下，从 1918 年到 1920 年，武汉先后成立学生军团、端风团、仁社、辅仁社、黄社、同志会、乡村改进社等爱国进步团体。这些团体多以改造社会为己任，十分注意其成员的品格修养，注重新思潮的传播和新文化的宣传，促进了知识界思想的解放，也为“五四”

运动乃至武汉地区马克思主义的传播奠定了基础。随着思想的转变，恽代英逐步摒弃了无政府主义、空想社会主义成分，转变为马克思主义者。互助社的成员大多转变为科学社会主义者。

许白昊考入湖北省立甲种工业学校

许白昊（1899—1928），原名许权明，谱名立峰，号纯卿，又用名白天、北浩、国君、许世光、许赤光等，湖北应城县城南富水河畔杨湾（今应城市城中办事处国光村一组）人，农民家庭出身。他是中共早期工人运动卓越的领导人，为共产主义事业献出了年轻的生命。

许白昊 8 岁入私塾，接受传统教育，后进入应城县高等小学堂学习。1917 年，许白昊考入由湖北中等工业学堂更名的湖北省立甲种工业学校（今武汉科技大学）。此时正逢新文化运动兴起、“五四”运动爆发，在这个风云变幻、思潮汹涌的时代，许白昊不断接受新思想，参加了轰轰烈烈的“五四”运动。湖北省立甲种工业学校在“五四”运动中十分出彩，许白昊则头角峥嵘，因而被湖北军阀当局驱逐出校。

1919 年秋，许白昊离汉东下，辗转至江、浙、沪一带。1921 年加入中国劳动组合书记部，成为中国工人运动最早的领导者之一。1922 年 1 月，许白昊作为中国劳动组合书记部派出的代表，秘密赴莫斯科出席远东各国共产党及民族革命团体第一次代表大会。1922 年春，许白昊加入中国共产党，并投身于上海工人运动中。在广州出席第一次全国劳动大会和中国社会主义青年团第一次全国代表大会后，许白昊回到武汉，从事工人运动。同年 10 月，湖北全省工团联合会成立，许白昊被选为秘书兼组织部副主任。1924 年春，许白昊担任中共汉口地方执行

许白昊像

委员会委员、秘书，着手恢复工会，领导工人开展罢工运动。第一次国共合作期间，许白昊加入国民党，担任国民党汉口执行部组织部秘书。5 月，被捕入狱。出狱后，他参与领导了汉口人力车夫、英美烟厂、英国电厂、火柴厂等工人罢工，为迎接国民革命军北伐，打下了良好的基础。在 1925 年全国第二次劳动大会、1926 年全国第三次劳动大会上，许白昊被选为全国总工会执行委员。1926 年，任湖北总工会秘书长。

1927 年 4 月 27 日，许白昊出席中共第五次全国代表大会，被选为中共中央监察委员会委员。这是中共历史上第一次建立中央监察委员会——中央纪律检查委员会的前身，当时委员会由王荷波、杨匏安、许白昊等 7 人组成。5 月 30 日，中共中央成立中央工委，许白昊、刘少奇、林育南、项英、苏兆征、李立三、王荷波等 7 人当选，他们都是中共早期赫赫有名的工人运动领袖。

7 月 15 日，汪精卫在武汉发动反革命政变，许白昊遭到通缉，被组织安排到上海总工会工作，在白色恐怖中领导工人运动。由于叛徒出卖，1928 年 2 月 17 日，许白昊被捕。面对敌人的严刑拷打，许白昊英勇不屈，6 月 6 日与陈乔年、郑复他被秘密杀害于上海枫林桥畔。

1918 年

郑位三考入湖北省立甲种工业学校

郑位三（1902—1975），原名郑植槐，湖北黄安（今红安）人。1918 年考入湖北省立甲种工业学校，因在考试中名列第三，故改名“位三”。在校期间，他积极参加爱国运动和新文化运动。1922 年毕业后返乡。1925 年加入中国共产党。

1927 年，郑位三任中共黄安县委书记，领导黄安秋收暴动，参与创建鄂豫边苏区，曾任鄂豫皖特区苏维埃政府财政经济委员会主席、人民委员会代理委员长，中华苏维埃共和国中央政府执行委员，中共鄂东北道委书记兼游击总司令，中国工农红军第二十五军政治部主任等职，是鄂豫皖苏区的主要创始人之一。后历任中共鄂豫陕特委书记，鄂豫皖区委书记，淮南区委书记，新四军第四支队、第二师、第五师政委，中共豫鄂边区委书记。

抗日战争时期，郑位三被派回鄂豫皖革命根据地，先后任中共鄂豫皖特委书记、鄂东特委书记、新四军第二师政委兼皖东军政委员会书记等职。1945 年 6 月被选为中共第七届中央委员。

抗日战争胜利后，郑位三任中共鄂豫皖中央局书记、中共中央中原局代理书记兼中原军区政委等职，后与李先念等指挥中原部队分路突围，并随北路部队进入陕南，不久到延安。

郑位三像

自 1948 年起，郑位三因病休养，长期未负责具体工作。中华人民共和国成立后，郑位三被选为中共第八届中央委员，全国政协第二、三、四届常务委员。“文化大革命”中郑位三受到残酷迫害，于 1975 年在北京逝世。

文华公书林举行俄国革命演讲会

1917 年俄国十月革命爆发后，中国新闻界和学界迅速作出反应，武汉亦然。《汉口新闻报》《大汉报》等媒体及时做了报道。《大汉报》于 1917 年 11 月 13 日根据英国路透社记者的报道发表《俄国之大政变》一文，称帕塔格勒（彼得格勒）已被“急进党”掌握，临时政府已被推翻，“黎雷氏大受欢呼”。此处黎雷氏即列宁。

据 1918 年 12 月 16 日《大汉报》报道，当年 12 月 14 日晚 7 时，武昌文华公书林举行俄国革命演讲会。演讲会由图书馆主任沈祖荣主持，演讲者是美国戴卫士博士，演讲主题是“俄国革命及其衰败之原因”，“来宾往聆者极形踊跃”。戴卫士在演讲中介绍了俄国的历史地理，谓俄国幅员比中国大二分之一，而人口则较中国少。在专制政体下，大权悉操君主之手，为一般官僚所把持，其富贵大有世袭罔替之势，农工则终岁劳苦，仅能免冻馁而已。从沙皇尼古拉一世时代起，俄国极力向外扩张，以大国自雄，接连发动对外战争。1905 年日俄战争中俄国败于日本，引发国内革命，虽然失败，但革命的观念深入农工之中。其后，尼古拉二世效法法、德两国军国制，革命党人乘机受到军事训练。第一次世界大战中，俄国与德国开战后，再次引发革命风潮。此次革命乃最后剧烈的暴动，革命党将君主推翻，将来如能建设共和、健全政府，为该国之幸，不然有不堪言矣。在讲到俄国革命与东亚的关系时，戴卫士说：“该国将来不与中日携手则已，苟与中日订约，系同等则可，如次等则前途更有不堪言矣。”

虽然由于立场问题和信息不足等原因，戴卫士的演讲内容并不一定准确，但文华公书林举办这样的演讲会表明了当时武汉学界对俄国十月革命的关注。

1919 年

武汉各校集议中华大学声援北京“五四”运动

1919 年 5 月 4 日，北京爆发“五四”运动。“五四”爱国运动很快传到武汉，并得到武汉学生的支持与响应。5 月 7 日是国耻纪念日，位于昙华林地区的中华大学召开运动大会，以此鼓励尚武精神。在运动会上，学生散发《国耻之纪念》传单。

5 月 9 日，武昌各校集议于中华大学，决定以武昌学生团的名义发出宣言书，声援北京学生，推举中华大学中学部主任恽代英起草。

5 月 10 日，中华大学、武昌高等师范学校、高等商业学校、外国语学校、文华大学、湖南中学、第一师范学校、湖北省立甲种农业学校、湖北省立甲种工业学校、湖北省立甲种商业学校、第一中学、第二中学、勺庭中学、启黄中学、荆南中学等 15 所学校，各推代表 4 人或 6 人，在中华大学开茶话会。会议公推蓝芝浓为主席，报告开会宗旨。蓝芝浓说：“我辈青年，此后当以国事为己任，毋使奸人再据要津，致不可收拾。”其讲话受到全场欢迎，众人热烈鼓掌。后有数人演说，均慷慨激昂。演说后讨论办法时，突然有甲种工业学校学生陈世杰持一张纸登上讲台，将右手中指咬破，血书“提倡国货”四字，并大呼“切勿五分钟热度”，台下掌声如雷。随后参会人员研究声援北京学生办法，决定以捐款、抵制日货、通电各方面等方法，赞助北京学界之运动进行。

武汉“五四”运动中的标记和徽章

5 月 14 日，决定改武昌学生团为武汉学生联合会，临时机关设在中华大学。会议通过了简章，并推选了职员，决定通电全国和大总统、国务院、中国驻巴黎和会专使、北京大学等各校，向各方表明武汉学生的态度与立场。

5 月 17 日，武汉各校学生联合会在中华大学召开成立大会。

5 月 18 日，在武汉学生联合会组织下，3 000 名学生在武昌阅马场集合，然后举行游行，游行队伍打着“争回青岛”“灭除国贼”“提倡国货”“抵制日货”等旗号，沿途散发传单。此后，武汉学生爱国运动如火如荼地开展起来，参加爱国运动的学校也增加到 26 所。

武汉学生的爱国举动遭到湖北官方的限制，他们不畏强暴，冲破了反动当局的阻挠。5 月 26 日，26 校学生代表在昙华林文华大学集议，决定向督军署、省署请愿，如不同意就罢课。湖北当局获悉后，派巡警把守各校大门，严防学生外出。5 月 31 日，各校学生代表在中华大学集议，决定 6 月 1 日实行总罢课。

6 月 1 日，爱国学生冲破阻挠，奔赴黄鹤楼、阅马场、各城门以及县华林等处演讲。其间，学生遭到军警殴打、抓捕，其中，武昌高师学生竟被军警开枪击伤。这就是 1919 年“六一惨案”。在随后几天的演讲中，爱国学生仍然遭到追捕、杀害。反动当局的倒行逆施受到湖北各界的谴责，省议会、汉口总商会、湖北旅沪同乡会等团体纷纷谴责湖北当局的野蛮行径，要求严惩凶手。

在爱国学生的影响下，武汉各界行动起来，开展了罢课、罢市、罢工“三罢”斗争，使学生运动与民众运动结合起来。

武汉“五四”运动是全国“五四”运动的重要组成部分。在这场运动中起到领导核心作用的恽代英、林育南、陈潭秋、施洋等人逐步成长，成为早期中共党员。

武汉学生联合会在中华大学成立

1919 年 5 月 9 日，为响应和支持 5 月 4 日在北京爆发的学生爱国运动，武昌各大、中学校学生在中华大学集会，决定以武昌学生团的名义，向北京学生致电声援。恽代英代拟了《武昌学生团宣言书》。12 日，武汉学生团成立。17 日，各校学生代表在武昌中华大学召开第一次学生代表大会，正式成立武汉学生联合会，先后到会者有 26 校代表，临时主席高鸿缙报告该会组织宗旨及以前经过事实，并讨论此后进行办法。嗣后共同决定全体代表即于本日前往军、民两署谒见督军、省长，恳请立案维持，准发行印刷品提倡国货，鼓励国民爱国之思想，并请将本会各电饬电局一律拍发，嗣后不得有扣留，且恳组织游行大会、露天演说，以便伸张民气。然关于举行游行、露天演说的要求遭到当局拒绝。

武汉学生联合会会址设在中华大学。恽代英为武汉学生联合会写了各种传单、通电和宣言。武汉学生联合会还发行了《学生周刊》，以通俗的白话文进行爱国主义的宣传。

武汉学生联合会是武汉地区学生爱国组织，在武汉“五四”运动中起到了领导作用，恽代英、林育南等是主要领导人，李求实、陈潭秋、李书渠、廖焕星等皆成为学联骨干。

武汉学生联合会还参与或领导了其他爱国活动和进步运动，支持工人运动。

“二七”大罢工失败后，武汉社团，包括学联在内受到压制。1924 年 4 月，根据团中央二次会议的精神，武昌团地委派人恢复武汉学联，并进行改组。1925 年再度改组，7 月，中华全国学生联合会第七次全国代表大会在上海召开，武汉学联派代表参加。会后，武汉学联改组，分为武昌、汉口、汉阳三个学联。1926 年 1 月，武昌、汉口、汉阳三个学联并入湖北学生联合会。

陈昌浩入中华大学附中学习

在中共军事史上，陈昌浩是一位曾经叱咤风云后来却鲜为人知的人物，他也曾在昙华林求学。

陈昌浩（1906—1967），曾用名苍木，湖北汉阳（今武汉市蔡甸区）人。1919 年进入武昌私立中华大学附属中学学习，1924 年考入国立武昌大学（现武汉大学）。1926 年在家乡加入共青团，介绍人是其同乡、中华大学的同学高衡，不久加入国民党（国共合作需要），在家乡从事农民运动。不久，北伐军攻克武昌，陈昌浩回校读书，从事共青团的工作。

陈昌浩像

1927 年“七一五”政变后，陈昌浩转入地下，12 月根据组织安排，转赴苏联莫斯科中山大学就读。在莫斯科学习期间，他与王明、博古等人交厚，是所谓的“二十八个半布尔什维克”之一。

1930 年 11 月陈昌浩回国，转为中国共产党正式党员。次年赴鄂豫皖革命根据地从事革命活动。1935 年作为红四方面军总政治委员率部长征，后被任命为西路军军政委员会主席。1936 年 10 月 24 日，与徐向前一起率领红四方面军执行中央的宁夏战役计划，主力西渡黄河，力图打开前往苏联的通道。西路军失败后，陈昌浩于 1937 年 8 月逃回陕甘宁边区，先后在延安县委宣传部、中央宣传部、陕北公学、抗日军政大学和马列学院从事宣传、教育工作。1939 年，陈昌浩赴苏联养病。在苏联期间，他参加反法西斯战斗，获得“卫国战争奖章”。

1951 年，陈昌浩回国，先后任中央马列学院副教育长、中央编译局副局长等职。主编了《俄华大辞典》，翻译出版了《旅顺口》《论共产主义教育》等书。“文革”中遭受迫害，1980 年举行的追悼会悼词称：陈昌浩同志为“中国共产党的优秀党员，忠诚的无产阶级革命战士”，“他的一生是革命的一生、忠于党忠于人民的一生”。

徐会之考入湖北省立甲种工业学校

徐会之（1901—1951），原名徐亨，湖北省黄冈县（今团风县）人。出身于耕读之家，父亲早亡，幼时就学于私塾，后在黄州就读新式小学、中学，1919 年考入湖北省立甲种工业学校，再入中法高等学校。1924 年考入黄埔军校第一期，加入国民党和中国青年军人联合会，不久秘密加入中国共产党。

黄埔军校毕业后，徐会之任黄埔军校教导团连队党代表。国民革命军第一军成立时，任第一军第一师第一团第一连党代表。1926 年，蒋介石强令解散中国青年军人联合会，迫使共产党撤出第一军和黄埔军校。此时，徐会之到北京、天津活动，从事地下工作。北伐战争开始后，徐会之奉命南下，先后任十五军党务科长、第二师政治部主任。

1927 年，蒋介石叛变革命后，国民党实行白色恐怖统治，中共组织遭到破坏，徐会之与党组织失去联系，但他仍然积极投身于反对国民党反动统治的斗争中，参加了国民党著名左派领袖邓演达建立的黄埔革命同学会，从事反对蒋介石统治的革命活动。徐会之、余洒度、陈烈、黄雍等人参加了筹备工作，是该会的中坚力量。徐会之还在天津组织了黄埔革命同学会华北分会，担任会长。他在天津举行记者招待会，揭露蒋介石背叛革命的行径。蒋介石对黄埔革命同学会的活动极为恼怒，派特务进行破坏。1931 年 8 月，国民党特务抓捕了邓演达、徐会之等

徐会之像

20 余人，邓演达不久惨遭杀害。

邓演达被害之后，黄埔革命同学会瓦解。对蒋介石来说，徐会之等人已不足为虑，与其严惩，不如羁縻之。因此，蒋介石对徐会之等该会中的一些成员采取了笼络政策，徐会之被重新启用。抗战结束时，徐会之甚至官至汉口市长乃至汉口特别市长，是举足轻重的地方大员。

徐会之是国民党政工系统的“四大金刚”之一，曾任五十六师政训处长、安庆市警察局长、芜湖市警察局长、河南省扶经县长、国民党中央军事委员会政训处科长、西安行营政训处长、保定行营政训处长、武汉行营政训处长、第五战区政治部少将主任等职。在多年的政工生涯中，徐会之积累了丰富的经验，政治工作得心应手，业绩卓著，是公认的政工干才。

1950 年 3 月，徐会之到台湾，不久被台湾国民党当局逮捕，有关部门最初的意见是判处其有期徒刑 15 年，但蒋介石下令立即处决。

1951 年 11 月，徐会之被秘密杀害。徐会之赴台的目的何在？他的身份是什么？在很长一段时间内扑朔迷离。

1985 年，徐会之的共产党员身份得到确认。当年，民政部、国家安全部经过审查，追认徐会之为革命烈士。1996 年，徐会之遗骸被运回大陆，分别埋葬于北京八宝山革命公墓和武汉九峰山烈士陵园。

张亚巨考入湖北省立甲种工业学校

张亚巨（1895—1927），原名允，字执中，留学德国时改名亚巨，字仲生，湖南省临湘县（今临湘市）源潭镇东冶村人，农民家庭出身。1915 年，考入临湘县高等小学。1919 年毕业后，他立志工业救国，考入湖北省立甲种工业学校。1922 年 7 月毕业，留在武汉补习德语。1923 年 3 月初，张亚巨远涉重洋，赴德国勤工俭学，进入普鲁士高等工业学校学习。

在德国期间，张亚巨努力学习，积极参加进步活动，曾与湖南省教育司驻德使馆负责人侵吞留学生津贴费的恶劣行径进行斗争。1924 年，经朱德介绍，在柏林加入了中国共产党。

1926 年 10 月，张亚巨回国，到达武汉后任国民革命军总政治部特务委员。1927 年初，调任国民革命军第一军特派员，不久奉命去上海，在周恩来的领导下工作。蒋介石、汪精卫先后发动“四一二”政变、“七一五”政变后，张亚巨冒着生命危险继续从事革命斗争。10 月初，张亚巨路过临湘，顺便回家探望，15 日不幸被国民党源潭团防局枪杀于家中，牺牲时年仅 32 岁。他的战友曾子筠写挽联悼念：

德士独茂春风，传授马恩衣钵，留学成才方有用，何期衅起萧墙，栋折梁摧天欲喑；

莼湖同沾化雨，切磋欧美新知，分途救国岂无功，不料盟忘歃血，我匿君逝恨难平！

1920 年

陈独秀到文华大学等处讲学

大名鼎鼎的陈独秀与昙华林很有缘分。陈独秀（1879—1942），新文化运动倡导者、“五四”运动的领袖、早期中国共产党的领导人。

1920 年 2 月，文华大学校长拟邀请北大校长蔡元培前来出席文华大学学生毕业典礼并作学术演讲。蔡元培因事冗难以分身，推荐北大中文系文科学长（相当于系主任）陈独秀前来参加。陈独秀居住的地点是文华大学文学院教学楼。该楼建于 1915 年，是一幢中西合璧式砖木结构两层楼，中式天井回廊，西式半圆周券式门窗，体现中国传统建筑风格的天井院落。该楼现为湖北中医药大学昙华林校区 8 号楼，1993 年被武汉市政府公布为武汉市优秀历史建筑，这栋设计别致的老建筑整体保存仍然完整。

2 月 4 日，陈独秀抵汉，5 日即应武汉学联文华学生协进会之邀，在文华大学演讲《社会改造的方法与信仰》，主张社会改造的方法是：第一，打破阶级的制度，实行平民社会主义，人人不要有虚荣心；第二，打破继承的制度，实行共同劳动工作，不使无产业的苦、有产业的安享；第三，打破遗产制度，不使田地归私人传留享有，应归为社会的共产，不种田地的人，不应该享有田地权利。陈独秀认为信仰是平等和劳动。

6 日，应文华大学校长孟良佐邀请，陈独秀参加该校毕业典礼，并发表演讲《知识青年的情感教育问题》，他认为，“学校教育多属于智识之教育，而情感教育则不多。情感云者，即牺牲自己帮助他人之谓也”；文华大学系基督教徒所设立，耶稣基督唯其能牺牲自己一切，所以是世界之模范。

7 日上午，陈独秀受邀赴武昌高等师范学校演讲《新教育的精神》，大意如下：第一，教育要趋重社会；第二，要注重启发的教育；第三，要讲究实际应用，等等。后赴汉口堤口下段保安会演说，内容是对武汉市民的两种希望：一是能为外交后盾，二是能谋工商各业之发达。晚上 7 点稍用茶点后，陈独秀即前往大智门，乘火车北上回京。

在汉期间，陈独秀还会见了前来拜访的教育界人士和湖北议员，并与之座谈，谈话的主要内容是新教育、文字改革、社会改造等。陈独秀的言行颇受各界欢迎，在学界、政界引起了很大反响，也引起了湖北当局的警觉与害怕。据《申报》1920 年 2 月 15 日报道：“湖北官厅为之大骇，以为中国最高学校之文科长，乃有此鼓吹社会共产主义之论调，以故汉口青年会长胡厚斋本定七日聘请陈氏开演讲会，乃因此急令其休止演讲，速离武汉。陈氏深愤湖北当局者压迫言论之自由，且谓美国杜威博士来鄂演讲时，当局亦必拒绝之矣云云。”

1937 年 9 月，陈独秀逃难到武汉，曾住在双柏庙后街 26 号好几个月。这里原来是一个桂系军官的旧式平房，颇有庭园意味，还算安静。他在此写了一些宣传抗战的文章，并应邀到华中大学、武昌艺专、汉口市立女中、汉口青年会、武汉大学等处演讲。10 月 6 日，应华中大学学生抗战工作团邀请，陈独秀在该校演讲《抗战意义》，认为“此次对日战争，乃六七十年来改革与革命的大运动之继续”，“是被压迫的民族反抗帝国主义压迫束缚的革命战争”，“是人类一种进步的战争”，主

陈独秀像

文华大学文学院旧址

张“侵略国的社会主义者，固然应该起来反对其本国政府，而被侵略国的社会主义者，则应援助本国政府，使之获得胜利”。“每一个中国人对于抗战怠工，不尽他所能尽的力量，事实上是帮助了敌人，即是消极的无形的汉奸”。演讲引起阵阵热烈的掌声。

董必武在涵三宫创办武汉中学

1963 年，时任国家副主席的董必武在其回忆录《私立武汉中学简记》中说：“私立武汉中学设在武昌，是几个抱有革命宗旨的人创议办起来的一所中学，我是创议人之一。”

1919 年“五四”运动期间，董必武与张国恩、詹大悲、李汉俊等人认识到中国革命要采取能唤醒群众、接近群众的方法，即办报纸和办学校。办报纸因故未果，他们便从办中学开始，然后徐图扩充。他们从上海回到武昌，住在巡道岭湖北省教育会内，着手筹办学校。当时办私立中学先要解决5个问题:(1)校址、校舍问题;(2)开办费和立案基金问题;(3)董事会与董事长问题;(4)教职员问题;(5)立案问题。

关于校址、校舍,他们在教育会西北角找到一所房子,门在涵三宫南面小巷内,曾办过学校,有三间教室(其中有剩存的一些桌椅)、一间大办公室,还有一个风雨操场,大小几个院子,有可供学生食宿用的两排房间,是开办初期比较理想的校址。

关于开办费和基金,董必武、张国恩约请其他朋友为创办人,其中雷大同出资120元,董必武、张国恩、刘鼎三、李缄三、刘质如、刘觉民各捐20元,共得240元,解决了开办经费。董必武为凑足20元经费,脱下身上皮袍送进当铺,时值春寒料峭,幸得同事借棉衣御寒;立案基金则由董必武、张国恩找同乡商人张平阶出具了一张存款2万元的条子。

关于董事会和董事长,9位创办人为学校董事会董事,公推湖北省议会议员竹溪人郭肇明担任董事长,但因郭氏事务繁忙,不能参与董事会实际事务,又公推郭氏的同乡崔琴甫为董事。于是,董必武、张国恩、刘鼎三、李缄三、刘质如、刘觉民、雷大同、郭肇明、崔琴甫等11人组成了董事会。

关于教职员问题,公推私立中华大学教授刘觉民为校长,倪季端任教务兼监学,江文波任总务兼监学。各门功课由董事和校领导们分担,刘觉民教修身,董必武教国文,李缄三、江文波教历史,倪季端教英文,刘质如、崔琴甫教数学,刘质如还兼教图画。其余则由陈潭秋教英文,曾雨村教地理,熊连城教图画,手工、音乐、体操等科目请其他学校教员兼教。教职员的配备是很整齐的。

关于立案,校董事会决定学校名为“私立武汉中学”,遵照教育部制定的私立中学校章程呈请立案,获得湖北省教育厅批准。

武汉中学旧址

董必武像

1920年4月，私立武汉中学正式开学，学生男女兼收，提倡白话文。董必武主持校务，定校训为“朴、诚、勇、毅”。

1920年8月，武汉共产党早期组织在武昌抚院街建立，武汉中学的教师董必武、陈潭秋是创立者。不久，董必武等人建立马克思学说研究会。11月，董必武等人又在武汉中学建立武昌社会主义青年团，青年团第一次会议就是在武汉中学召开的。董必武等人以武汉中学为据点，在学生中开展马克思主义宣传，进行党团组织发展工作，并指导学生深入工厂、农村进行调查研究；开办识字班、平民夜校，提升下层人民的文化素质和革命觉悟。1921年，董必武、陈潭秋代表武汉党组织赴上海参加党的一大，回武汉后继续开展马克思主义的宣传和党组织的发展工作，取得很好的成绩。在武汉早期共产党员中，陈潭秋、陈荫林、刘子通、黄负生等人都曾在武汉中学任教。曾在武汉中学代课的李汉俊是武汉地区马克思主义传播、党组织建立的指导者，他与董必武、陈潭秋被认为是曾在武汉中学工作过的3位中共一大代表。在武汉早期党组织的最早的 7 名成员中，有 3 人来自武汉中学。在武汉中学培养的学生中，有不少人走上了革命道路，甚至成为革命的骨干、领导者。1927 年著名的黄麻起义爆发，在起义的 10 位领导者中，就有潘忠汝、王志仁等 5 位毕业于该校。其中，潘忠汝任黄麻起义总指挥。据不完全统计，曾在武汉中学执教或求学的中共党员有近 40 人。有的学生毕业后成为家乡党组织的负责人，如中共黄安特别支部创始人董贤珏、王鉴、雷绍全等，中共麻城特别支部创始人邓天文，应城县特别支部创始人万作霖，钟祥县（今钟祥市）党组织创建者费必生，竹溪县特别党支部创始人华丽中，黄陂县回龙潭支部创始人刘家练，大悟县第一个党支部创始人张书田，当阳县党小组创始人李万英，京山县县委组建者袁传鉴等，都是武汉中学的毕业生。

1928 年，武汉中学被当局封闭。1965 年重新建设，仍称武汉中学。至今，校内仍保存着的“私立武汉中学校旧址”的建筑，为市级文物保护单位。

陈潭秋在武汉中学任教

在中国近代革命史上，黄冈“林氏三兄弟”广为人知，而黄冈“陈氏三兄弟”却鲜为人知。其实，陈氏三兄弟才是真正的同胞兄弟。其中，陈磊排行老五、陈潭秋排行老七、陈荫林排行老八。陈磊曾在湖北中等工业学堂（今武汉科技大学前身）求学，参加辛亥革命，是湖北共进会领导者之一，1912 年误中枪弹牺牲。陈潭秋、陈荫林则为新民主主义革命献出了生命。兄弟三人都在昙华林从事过革命活动。

陈潭秋（1896—1943），湖北黄冈（今团风县）人。1912 年起，

陈潭秋像

先后在湖北省立第一中学、文华大学(补习)、武昌高等师范学堂学习,曾在武昌都府堤武昌高师附小任教。他是武汉地区“五四”运动和新文化运动的领导者之一。1920年,董必武在武昌涵三宫建立私立武汉中学,陈潭秋是该校英文教师。他积极向学生宣传马克思主义,与董必武等人培养了一批中共党员。1920年8月,陈潭秋与董必武在武昌抚院街建立武汉共产党早期组织。11月,与董必武等人又在武汉中学建立武昌社会主义青年团。1921年,陈潭秋与董必武代表武汉党组织赴上海参加党的一大。会后任武汉区委书记,并积极从事国共合作统一战线的工作。

1926年7月北伐期间,陈潭秋任国民党湖北省党部组织部长。1927年4月在中共五大上当选为候补中央委员。

1927年大革命失败后,陈潭秋历任江西省委书记、江苏省委组织部长、中共中央组织部秘书等职。1930年9月调任中共满洲省委书记,一度被捕。出狱后任中共江苏省委秘书长、组织部长。1933年春,陈潭秋到中央革命根据地，历任中共福建省委书记、中华苏维埃共和国中央执行委员、中央工农民主政府粮食人民委员。红军长征后，陈潭秋留在根据地任中共中央江西分局委员兼组织部长。1935 年 8 月，陈潭秋赴莫斯科参加共产国际六大，并留驻共产国际。

1939 年，陈潭秋回国后在新疆迪化（今乌鲁木齐）任八路军驻新疆办事处主任，开展抗日民族统一战线工作。1942 年 9 月被捕入狱，次年 9 月被新疆军阀盛世才杀害。

武昌社会主义青年团在武汉中学建立

武昌社会主义青年团于 1920 年 11 月建立。董必武、陈潭秋等建立了武汉早期党组织后，着手建立社会主义青年团。武昌社会主义青年团以董必武创办的武汉中学为中心，吸收其他各校的先进青年学生参加，约 20 人入团。团员多是武汉中学和湖北省第一师范的学生，也有一中、旅鄂湖南中学、外国语学校、高师、高商等学校的学生，其中主要成员是武汉学生联合会的活动分子。

1920 年 11 月 7 日是俄国十月革命三周年纪念日，武昌社会主义青年团在此日召开第一次组织会议。李书渠报告了成立团组织的宗旨，会议通过了《武昌社会主义青年团简章》。会议确定团的宗旨是“研究社会主义，实践社会主义思想”，规定“团的会议预定每星期举行一次”和“不论任何人，经我团团员一人介绍就可加入我们的社会主义青年团”等纪律和原则。

青年团每星期开一次会，每次都有起宣传作用的报告和详细的记录，并向中央报告。另外，武昌社会主义青年团组织还和北京、天津、上海、广州、长沙等处青年团组织保持联系，互相通报，交流经验。青年团注重马克思主义学习、宣传，当时武汉党组织对青年团员的马克思主义教育十分重视，陈潭秋就经常给团员和青年学生作报告，讲述马克思、列宁的生平和学说，介绍俄国十月革命的经验。青年团组织青年深入社会，进行调查研究，在工人中开办夜校、子弟学校，在农民中开办农民识字班。青年团还积极参加了党领导的工农运动，在城市，如 1921 年冬租界人力车夫罢工、粤汉铁路武长段九月罢工，1922 年 10 月及次年 1 月英美烟厂工人罢工、1923 年 1 月汉口纱厂工人罢工等。在农村，组织学生暑假回乡开展农民运动。

1922 年，按照代理中央职权的上海团的指示，4 月 9 日，武昌社会主义青年团改名为武汉社会主义青年团。改选了团的负责人，建立了团的领导机构，其成员如下：刘昌群任书记并兼任会计工作，林育南任学生运动委员长，李书渠负责宣传教育工作，马念一（马哲民）负责妇女工作，王道负责军人工作，陈潭秋负责出版工作，黄贤珏负责图书工作。之后不久，湖北团区委直至湖北团省委建立，取代了武汉社会主义青年团的工作。

文华大学校工郑凯卿加入中国共产党

郑凯卿（1888—1966），湖北潜江人，生于武昌。少时曾作书童，后进文华大学做校工，1920 年 9 月加入党的早期组织时仍在校工作，发展他入党的竟是鼎鼎大名的“中共第一号人物”陈独秀，于是，他成为中国共产党第一位工人党员。

1920 年 2 月 4 日，陈独秀应文华大学之邀，来武汉讲学。文华大

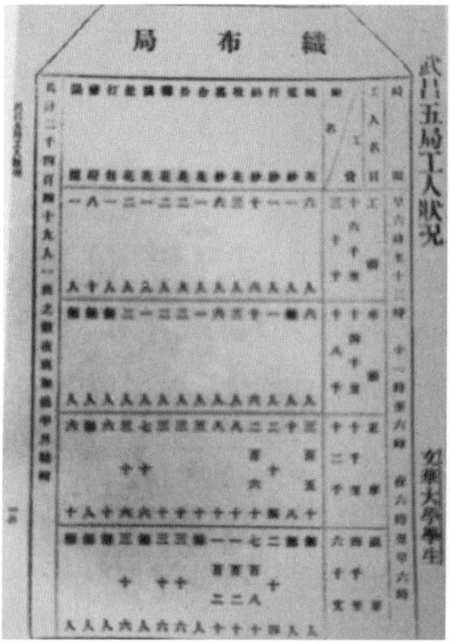
武昌五局工人狀況

織布局

文華大學學生

《新青年》刊载的《武昌五局工人状况》

郑凯卿像

学当时是一所很有名的教会大学，思想开放包容。学校师生非常欢迎这位新文化运动和“五四”运动的杰出领袖来校出席典礼并发表演讲。当天夜里，陈独秀下榻文华大学文学院二楼。在2月4日到7日的几天里，陈独秀接连在文华大学、国立武昌高师、汉口青年会、汉口堤下段保安会等地作演讲，大受欢迎。在汉期间，照料陈独秀起居的正是郑凯卿。

在几天的相处中，郑凯卿听了陈独秀的演讲，陈独秀也单独给他讲了一些道理，并委托他调查武汉工人状况。陈独秀离开武汉后，郑凯卿组织文华大学的学生，对武昌织布局、纺纱局、铜币局、银币局、麻布局的工人状况进行了调查，写出题为《武昌五局工人状况》的调查报告寄给陈独秀。陈独秀后来将该调查报告发表于《新青年》1920年9月1日第八卷第一号上。

1920年8月，陈独秀、李汉俊等在上海成立了中国共产党第一个早期党组织。9 月，董必武、陈潭秋等人在武汉建立中共早期组织，郑凯卿也是武汉第一批中共党员。

郑凯卿入党后，一边跟董必武、陈潭秋等人学习文化知识，一边根据组织安排，积极组织工人运动。他参与组织了汉口人力车夫大罢工、粤汉铁路工人罢工等早期工人运动。1922 年 7 月，中国第一个地方总工会组织——武汉工团联合会成立，郑凯卿任组织部秘书。

1923 年 2 月，郑凯卿参与组织了著名的京汉铁路工人大罢工，大罢工遭到直系军阀吴佩孚、萧耀南的血腥镇压。“二七”惨案后，为躲避军阀迫害，他潜回家乡避难，与党组织失去联系。1949 年新中国成立后，郑凯卿经组织安排在武昌大东门合作摊亭工作，1959 年退休。1966 年 11 月 15 日，郑凯卿病逝于潜江。

韦棣华、沈祖荣等创建文华大学图书科

韦棣华于 1914 年、1917 年先后两次资助沈祖荣（1883—1977）和胡庆生赴美国纽约州立图书馆学校攻读图书馆学。1916 年，沈祖荣以优异成绩获得了哥伦比亚大学理学学士学位，成为中国历史上获得图书馆学学士学位的第一人，1917 年归国。1920 年 3 月，在沈祖荣、胡庆生先后回国后，韦棣华与他们一起在文华大学创办了中国第一个图书馆学教育机构——文华大学图书科，又称文华图书馆学专科学校，招收修满大学二年级课程学生入学，再修两年专业课和文哲等课程后毕业。此为中国正规的图书馆学高等教育的开端，沈祖荣后被誉为“中国图书馆学教育之父”。

1927 年 5 月，华中大学因受政治时局影响而停办，沈祖荣坚持继

沈祖荣像

文华图书馆学专科学校师生合影

续开办文华图书馆学专科学校，武汉国民政府准予立案。1929 年，在华中大学给文华大学图书科的发展设置种种障碍之时，沈祖荣力挽狂澜，将文华图书馆学校独立出来，于 1930 年秋将自己的学生安排在图书馆上课、自习，并在图书馆学校自建的宿舍里住宿。私立武昌文华图书馆学专科学校（Boone Library School，简称“文华图专”）正式建立，并经南京国民政府教育部核准立案。学校经费来自中美庚款补助和公私赞助，学制两年。图书馆学校开始不为华中大学“私有”。

全面抗战爆发后，文华图专于 1938 年西迁重庆，1940 年增设档案管理科，成为当时国内唯一开设的档案学专业。1946 年，学校迁回武昌崇福山街 2 号继续办学。1953 年并入武汉大学，改名为“武汉大学图书馆学专修科”。

文华图专在 20 世纪上半叶学术地位非常高，成立于 1925 年的中华图书馆协会，是图书馆界重要的协作组织，当时文华图专的师生（已毕业的校友）在协会中担任委员者甚多。20 世纪初期，一般学校毕业生就业非常困难，文华图专学生毕业后却供不应求，美国一些大学和学院也纷纷接受文华图专的学生，这充分说明了文华图专教师和毕业生在图书馆界的影响。1949 年以后，在国内省、市级图书馆、科学图书馆和高等学校图书馆教育单位中，文华图专校友从事着各项工作，成为推动中国图书馆事业前进的一股重要动力。现在武汉大学图情专业的前身即是文华图专，直到现在仍是全国图书与档案学研究最有影响的专业院系之一。

武昌实验中学创建

1920 年，武昌实验中学创建。

1920 年夏成立女子小学，辟贡院一部分为校舍。1923 年扩充为女子中学，次年改名为湖北省立第二女子中学，附设小学和幼稚园。1926 年迁汉口，其附属小学改为湖北省立第二小学，1928 年改为湖北省立实验小学，附设幼稚园。1930 年添设初中，易名湖北省立实验学校，后演变为湖北省武昌实验中学。1938 年曾西迁，1946 年迁回。

学校南望黄鹤楼，北枕凤凰山，现校名“湖北省武昌实验中学”系毛泽东亲笔所书，校门和牌楼上端都镌刻着曾国藩题写的“惟楚有材”和“辟门吁俊”。学校占地面积 87 亩，建筑面积 7.2 万多平方米，是湖北省首批重点中学、首批省级示范高中、武汉市文明单位。

何膺恒建立女子小学

何膺恒，夏口人，字宅诚，日本早稻田大学高等师范毕业，宣统二年（1910）清学部以游学毕业生考试奖给举人，授以七品小京官，按照所学科目分到学部补用。曾任湖北省立第一师范学校教习，参与纂修民国《夏口县志》，任赞修。1920 年夏，何膺恒辟贡院的一部分为校址，建立了女子小学。随后，建立了幼稚园。10 年后设立了初中部，奠定了今日湖北省武昌实验学校的基础。

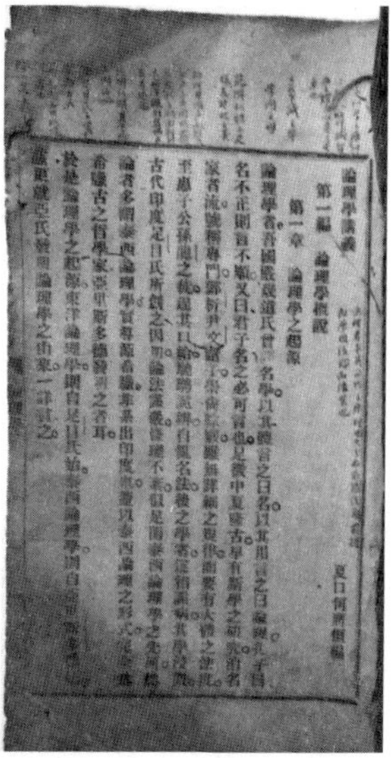

論理學講義

第一編 論理學概說

第一章 論理學之起源

夏口何膺恒編

何膺恒编《论理学讲义》书影

何膺恒生平事迹传世较少，只知其 1929 年曾在湖北省政府任股长。据武汉大学校史资料记载，武汉大学建校时，省政府以占用民地过多为由，要求武大停止建设。1929 年 5 月，校长王世杰经与省政府交涉，省政府决定派省府股长何膺恒同教育厅科员王炎与武大教授叶雅各、事务主任熊国藻察看珞珈山土地，何、王二人察看后认为珞珈山一带多属荒山旷地，不存在占用民地过多之虞，因此“占用民地过多”纯属无稽之谈。8 月，王世杰又特邀省政府代主席方本仁及省府全体委员第二次到珞珈山察看，亦均无异议。不久，省政府召开的 1929 年第十七次政务会议正式决定，圈定珞珈山一带的土地 3 000 余亩作为武汉大学的新校址。

网上还有何膺恒编的《论理学讲义》拍卖，并被误解为“伦理学”。其实，“论理学”即现在说的逻辑学，严复当年曾译为“名学”。

杜威到中华大学讲学

“五四”时期，美国著名哲学家、教育家、实验哲学及教育学首倡者杜威（John Dewey，1859—1952）教授来华讲学，北大校长蔡元培尊称他为“孔子第二”。他的教育理论对中国教育界和思想界产生了很大影响，甚至促进了20世纪二三十年代中国的教育改革运动。

1919年4月30日，杜威偕夫人及女儿应北京大学、中国公学、江苏省教育会等5个学校及教育团体的联合邀请，由日本乘船抵达上海，开始了在中国的访问和讲学活动。杜威在中国活动了2年零2个月又11天的时间。其间，杜威先后考察访问了上海、北京、奉天（今辽宁）、直隶（今河北）、山西、山东、江苏、浙江、江西、福建、广东、湖北、湖南等13个省市，在各地大小演讲200余场，宣传他的实用主义教育思想。

杜威像

1920 年 11 月 3 日，杜威在蔡元培陪同下，从长沙来到武汉，在武昌高师等院校演讲。11 月 5 日，杜威到中华大学讲学，邹昌炽教授为助讲并通译，所讲内容为实用主义教育理论和美国进步主义教育运动，听讲者除本校师生外，还有省内教育界人士多人，反响空前热烈。此外，杜威还应邀到利群书社演讲，由恽代英担任翻译。

1921 年

董锄平入党，曾在湖北省立甲种工业学校求学

董锄平的成长经历与昙华林息息相关。

董锄平（1894—1969），亦名方城、楚屏、冰如，湖北京山人。青年时代曾到武昌求学，入读湖北省立甲种工业学校，从事反对北洋军阀的活动，在家乡遭到通缉后，化名董楚屏，考入湖北法政学堂。“五四”运动期间，他参与爱国学生运动，是武汉学生联合会的骨干。在接受新思潮中结识了恽代英、陈潭秋等进步人士，选择了信仰马列主义。1920 年赴上海，加入社会主义青年团。次年，经陈独秀、李汉俊介绍，加入上海共产主义小组。

董锄平是中共早期工人运动领袖。1921 年 8 月，中共建立中国劳动组合书记部作为党领导工人运动的组织，董锄平是负责人之一。他参与创办了中国劳动组合书记部的机关报《劳动周刊》，负责刊物的编辑，还参与组织了上海日华纱厂罢工、上海邮局工人罢工等斗争。1923 年被党组织派往南洋，在华侨中开展工人运动。大革命时期，他在广州、武汉、古巴等地从事工人运动，先后任武汉店员工会委员长、全省总工会执行委员、中华全国总工会候补常委等职，参加领导了武汉工人群众收回汉口英租界的伟大反帝爱国斗争。蒋介石发动“四一二”政变后，他冒着生命危险，与项英、许白昊等人在上海组织工人运动。

大革命失败后，董锄平参加了南昌起义，任革命委员会农工委员会常委兼秘书长。1928 年任上海总工会常委、中共江苏省委候补委员。同年冬董锄平被捕，获释后与党组织失去联系，旅居国外。

抗战时期，董锄平曾在菲律宾华侨中学组织“人人日日抗日救国会”，积极支援国内抗日斗争。“七七”事变后回国，与周恩来、董必武取得联系。受党中央指示，董锄平在党外开展抗日活动，先后任国民政府军事委员会政治部设计委员、第六战区长官司令部参议等职。解放战争时期，发起成立了中国学术工作者协会上海分会。

1949 年董锄平受周恩来邀请，赴北京参加新中国创建工作，经董必武、李立三介绍，重新入党。新中国成立后，历任中央劳动部政策研究室主任、中央劳动部编辑室主任、湖北省社会科学研究所副所长等职。1955 年，因“胡风事件”受到隔离审查，“文革”中被捕入狱，1969 年病逝。

文华大学建成翟雅各健身所

英国人詹姆斯·杰克逊（James Jackson，1851—1918），中文名翟雅各，光绪八年（1882）来华，二十七年（1901）起在武汉任文华书院院长。宣统元年（1909）文华大学在美国注册成立，他成为第一任校长，任期内致力于扩大学校规模，并按照英国公学模式使文华大学得到很好发展。1918 年 4 月 22 日，翟雅各病逝于九江。为纪念翟雅各，继任校长美国人孟良佐主持修建了翟雅各健身所，又名杰克逊纪念体育馆。

1921 年 4 月 20 日，中国基督教全体会议在文华大学举行，格雷菲斯主持了健身所的奠基仪式，当年 10 月 2 日文华大学 50 周年校庆时正

翟雅各健身所

式投入使用。该建筑为中西合璧建筑风格，结构布局十分独特，系二层砖木结构，底层清水红砖墙，用水泥框套做券门及抹角方窗；第二层处理成中国传统柱廊形式，下有麻石柱基，上有额枋梁头，窗棂采用南方民居形式，屋顶为绿琉璃瓦。庑殿顶、重檐是中式建筑的典型特征，屋身则是西式的。据章开沅教授回忆，杜威、侯仁之等中外著名学者都曾在此讲学。该建筑是武汉市现存最早的三座体育馆之一，现属湖北中医药大学。

1922年

李汉俊执教中华大学

李汉俊（1890—1927），湖北潜江人，清光绪二十八年（1902）东渡日本留学，1918年回国，在上海从事写作、翻译工作，传播新文化及马克思主义。1920年初，他和李大钊、陈独秀等开始着手组建中国共产党的工作。同年5月，他和陈独秀等组织成立了“上海马克思主义研究会”。8月，他和陈独秀等又发起成立上海共产党早期组织。

李汉俊对董必武由旧民主主义革命立场转向马克思主义影响较大，也是董必武在武汉建立党组织的指路人。1919年春，董必武在上海结识李汉俊，李向他宣传介绍马克思主义，8月，董必武返汉。10月，李汉俊致函董必武，主张根本改造社会。1920年夏，李汉俊致函董必武，约其在武汉组建共产党。在李汉俊的指导和帮助下，8月，董必武、陈潭秋等人在武昌抚院街建立武汉地区党的早期组织。

李汉俊是中国共产党的创始人之一。1921年7月，中国共产党第一次代表大会召开，会议就是在李书城、李汉俊兄弟上海寓所中举行的。李汉俊作为上海的代表出席大会，并起草了党纲。

李汉俊还在昙华林工作过。1922年，因与陈独秀、张国焘意见不合，李汉俊离开中共中央所在地上海，回武汉从事革命活动，曾任湖北省工团联合会教育主任委员，并在中华大学、武昌高等师范学校、武汉

李汉俊像

中学任教或代课。1923年春参加京汉铁路工人大罢工，同年6月在中共三大上被选为中央候补委员。1924年，因脱党而被除名。1926年春赴上海任教，不久回武汉。1927年任国民党湖北省党部执行委员、省政府委员兼教育厅长、省党部青年部长。

蒋介石发动“四一二”反革命政变后，李汉俊给予揭露和谴责；汪精卫发动“七一五”反革命政变后，李汉俊坚持与国民党右派作斗争。桂系军阀占领武汉后，李汉俊与詹大悲等以省政府的名义下令释放在汉被捕的共产党嫌疑分子300多人，营救和保护了大批共产党的干部。1927年12月17日，李汉俊被武汉卫戍区司令胡宗铎以“赤色分子”的罪名逮捕，与詹大悲同时牺牲，遗体后转葬于武昌卓刀泉庙后。新中国成立后，李汉俊被政府追认为革命烈士。

梁启超、黄炎培应邀到中华大学暑期学校讲学

1922 年 8 月，中华大学开办暑期学校，邀请梁启超、黄炎培等学界名流来校讲学。湖南教育会获悉后，派专人来汉迎接梁、黄两先生赴湘演讲。黄炎培先到武汉，于 8 月 28 日莅湘。8 月 29 日，梁启超偕两公子思成、思永到武汉。8 月 30 日晚 7 时，在中华大学大操场作题为《湖北在文化史上之地位及其将来之责任》的演讲，听讲者多达 3 000 人，其中女生 1 000 多名。当日晚 10 时，梁启超一行乘车赴长沙。9 月 2 日下午 5 时，两先生联袂自湘返鄂，晚上梁启超在暑期学校讲《互进与互助》。3 日晚上在暑期学校观看易俗社学生演戏，4 日在暑期学校演讲《青年元气之培养》，5 日晚在暑期学校讲《女权运动之步骤》，7 日晚在暑期学校作在汉最后一次演讲《国文国史研究法》。次日乘车离汉北上。

梁启超在《湖北在文化史上之地位及其将来之责任》的演讲中，一开头就讲："我是戊戌以前，到过武昌一次，住了十天的，记得当时是张文襄督鄂，敝同乡梁节安（鼎芬）主持湖北学政，开办两湖学院，想我担任一二门功课，可惜当时在湖南办时务学堂，无机会到湖北来，与湖北教育界接近。今过了二十多年后，居然到这武大暑期学校，以极短的时间，而补从前的缺憾，我实在高兴得很。"在回顾了湖北在历史文化上所作贡献以后，梁启超指出湖北人对于中国将来的责任，一是把东西南北的文化调和起来；二是继续当先锋队，把国家保护良好，根据民族精神，尽量发展；三是建设一个像北大或东大一样的大学，使文化传播到边省，普及到全国。最后，梁启超说道："总之，我对湖北人近来所受痛苦，掬一同情之泪；我对湖北人将来所负的责任，还致以诚恳致

辞，湖北人应常想想原来的地位，念念近来的困难，一方面提高自己的人格，一方面振起自己的精神，勇往直前，何事不可为？我期望于湖北人者甚厚，十年迟迟不进化的原因，我望湖北人自知之，徐图之，毋落人后，毋枉自尊，勉励前进，非独湖北人自己之幸，中国前途受赐实多矣。”

9 月 16 日，黄侃评梁启超演讲之失曰：“（徐）行可日前言梁启超来鄂赴中华大学暑期演讲。第一日发讲，即有无数笑柄。彼云：春秋时，楚都武昌，三国时，吴亦都武昌。又举湖北先贤五人，老、庄、屈子、葛相、道安。夫楚凡四都，未尝居鄂；吴虽中徙，乃今鄂城。老则苦县；庄为蒙人；诸葛，阳都；道安，扶柳……启超乃南海圣人之高足，此段以国史研究为讲题，昔有仲由率尔致哂；今之鲁连，求之不难，可无戒乎？”

黄炎培在中华大学和其他地方演讲的具体情况因缺乏史料，不能缕述。只是在私立武昌中华大学校史编写组编著的《中华大学》（华中师范大学出版社 2003 年出版）上简单记载：“1922 年梁启超和黄炎培一起讲学，梁启超讲东西文化，黄炎培讲职业教育。”而许汉三编著的《黄炎培年谱》（文史资料出版社 1985 年出版）记载更为简单：“（1922 年）8 月 21 日，应武汉、长沙教育机关之约，在两地暑期讲习会讲职业教育问题。”

武昌起义实录纂修处设于武昌候补街73号

辛亥武昌首义成功后，起义要人孙武、张振武等人创议编撰国史，并报请湖北军政府。1912 年 6 月，经中华民国临时副总统、鄂军都督府都督黎元洪批准，成立湖北革命实录馆，谢石钦、苏成章任正、副馆长，其职掌为征集辛亥革命资料，编纂湖北革命历史，隶属鄂军都督府。湖北革命实录馆设于汉口英租界普海春菜馆。1913年8月27日，该馆被下令取消，湖北革命实录编纂也随之停止。

1922年10月17日，《大汉报》刊登了由辛亥首义志士邓玉麟、孙武、蔡汉卿、谢石钦等14人发起的《纂修民国武昌起义实录启事》，首义同人拟再次启动实录纂修。

据该启事称，武昌首义，“变专制而成共和，吾楚开近代之文化”，功绩昭彰，于是“纠合同志，将武昌起义颠末，源源本本，据事直书，名曰实录，俾杜虚伪”。同时决定设立“武昌起义实录纂修处”，具体办法如下：

一、此次纂修起义实录，拟专就武昌革命事迹，穷追溯委。自辛亥以前迄清帝退位、民国成立为止。体裁由辛亥同人公同拟订之。

二、实录所载，拟采起义前运动之事迹与起义后军事之行动，皆据实直书，不加丝毫揄扬，以存真相。

三、设武昌起义实录纂修处于武昌候补街73号，以5个月为搜集审察期，5个月为编纂期，限10个月或一年竣事。经费暂由发起人承担，再向辛亥同志募集。

四、实录纂修处在搜集期内，由同人等负保管稿件、进行事务的责任。俟稿件汇齐，再由同人推举主任，着手编纂，或另聘海内硕学主稿，同人等负协修之责。务期真正确实，免秽史之讥。

五、凡属辛亥同志，无论本省外省，请迅将起义前后事亦据实录出，寄交编纂处，以备采择。如本人已殁，其家属子弟亦祈照上项履行。

有革命同志应征写出回忆文字，如徐万年撰《武昌首义亲历记》等。

原拟定以一年为期完竣，但此后实录修纂仍是悄无声息，最终未能编成。

聂洪钧考入湖北省立甲种工业学校

中共咸宁党组织创始人聂洪钧（1905—1966），湖北咸宁人，出身于农民家庭。因家境贫寒，10 岁始入私塾。1919 年就读于咸宁县立高等小学，1922 年考入湖北省立甲种工业学校，攻读染织专业。求学期间，确立了自己的人生信仰。1924 年 12 月，他与中共武汉党组织取得了联系。1925 年 3 月，受党组织的委派，他与同学帅云山等在武昌昙华林一带的学生和居民中发展国民党党员。在校期间，还参与领导了 1925 年 5 月的“五七”国耻纪念日的学生运动。7 月，加入中国共产主义青年团，被团组织派到广州农民运动讲习所学习。同年 10 月转为中国共产党党员，并担任党小组组长。年底回湖北，担任湖北省农民协会秘书长兼组织部长。1926 年 3 月，聂洪钧被捕，经董必武等营救获释，出狱后以省农民协会派驻鄂南特派员的身份回到咸宁，开展农民运动。不久，聂洪钧在咸宁建立中国共产主义青年团组织和中国共产党组织，担任中国共产党咸宁特别支部书记。

在土地革命战争时期，聂洪钧曾任鄂北特委书记、闽浙赣省委组织部长、红十军政委和闽浙赣军区政治委员、中央军委西北办事处副主任、苏维埃西北办事处内务部副部长等职。

抗日战争时期，聂洪钧曾任中共湖南省委副书记兼组织部长、军事部长等职，并参加延安整风运动。1945 年南下，任湘鄂赣边区党委宣传部长兼行署主任。

聂洪钧像

解放战争时期，聂洪钧参与鄂东地区建设，参加东北革命根据地建设，曾任鄂东军分区政委、东北人民政府粮食总局局长等职。

1949 年，聂洪钧任湖北省委常委、湖北省人民政府第一副主席，主管政法和文教，自 1953 年起，担任中南财经委员会副主任兼粮食局长、国家粮食部副部长等职务。1966 年，因病去世。

1923 年

杜里舒应邀在中华大学演讲

1922 年，在张君劢的安排下，德国著名哲学家、教育家杜里舒（Hans Driesch，1867—1941）应邀来中国讲学，主讲生机主义哲学。1923 年 1 月，中华大学组织寒假演讲会，邀请杜里舒前来讲学。1 月 2 日，杜里舒夫妇在张君劢、瞿世英的陪同下，乘船抵达武汉。湖北教职员联合会在黄鹤楼举行了欢迎仪式，杜里舒随即到中华大学为湖北教育界演讲《达尔文学说之批评》，由方朴诚记录。杜里舒在演讲中以新

杜里舒及其夫人像

的生物学理论和生机主义哲学思想批评了达尔文学说。他批判了达尔文主义的机械性，把斯宾格勒归属于追求历史公例的“累积说”一派。次日上午，湖北省长兼督军萧耀南在督署再次举行欢迎会。下午，杜里舒演讲了《身体与心灵》，其夫人演讲了《西方妇女运动》。

推士在昙华林考察学校并赴中华大学演讲

为了改进中国的科学教育，美国教育家孟禄向中华教育改进社推荐美国俄亥俄州立大学科学教育专家推士（G.R.Twiss，1863—1944）教授来华进行科学教育调查，并提出改进意见。

1922年6月30日，推士抵达上海。随后对中国大学、专门学校和中学的科学教育及设备展开了为期两年的调查。

1923年10月22日，推士由重庆到汉，住在文华大学教员院。当时安排的日程是：

10月23日上午参观武昌师范大学，下午1时拜访教育厅长宗藻生，2时参观省立模范小学。

24日上午参观第一师范，下午拜访省长萧耀南。

25日上午参观中华大学，下午1时参观外国语专校，3时赴教职员联合会欢迎会，演讲《教师之责任》，晚7时赴中华教育改进社湖北社员聚餐会。

26日上午参观医学专门学校及女子师范，在女子师范演讲《女子教育》，下午2时赴省教育会欢迎会，晚7时赴中华大学聚餐会，8时演讲《科学与教育之关系》。

27日上午参观甲种工业学校及第一中学，下午参观文华大学及附

◉推士博士到鄂（漢）

推士博士受中華教育改進社之聘、調查全國科學教育、已歷數省、本月二十二日由重慶到鄂、住文華大學教員院、關於翻譯事項、由林卓然梅經言兩博士、暨嚴士佳林和成諸先生擔任、現已將參觀及講演日期定好、分述於下、十月二十三日上午、參觀武昌師範大學、下午一時訪教育廳長宗藻生、二時參觀省立模範小學、二十四日上午參觀第一師範、下午訪蕭督耀南、二十五日上午參觀中華大學、下午一時參觀外國語專校、三時赴教職員聯合會歡迎會、演講「教師之責任、」晚七時赴中華教育改進社湖北社員聚餐會、二十六日上午參觀醫學專門學校及女子師範、在女子師範講「女子教育、」下午二時赴省教育會歡迎會、晚七時赴中華大學聚餐會、八時講「科學與教育之關係、」二十七日上午、參觀甲種工業及第一中學、下午參觀文華大學及附屬中學、晚七時赴文華大學校長孟氏聚餐會、二十八日上午爲武漢中等以上學生講演、午刻赴教育廳長宗藻生讌會、二十九日上午參觀師大附中及農商兩實業學校、下午二時開理科教員討論會、三十日上午參觀協和師範及博文中學、下午參觀希理達女校、三十一日上下午參觀漢口學校、并游覽名勝、十一月一號上午游覽名勝、晚赴寧、除上列日程外、并爲湖北計畫設置「公共科學試驗所、」分四年籌設、經費二十萬元、至理科教員、則乘此機會、組織「科學教學研究會、」俟簡章擬定後、尚擬請推士博士指示一切、

1923 年 11 月 7 日《申报》对推士到武汉的报道

属中学，晚 7 时赴文华大学校长孟良佐聚餐会。

28 日上午为武汉中等以上学生演讲，中午赴教育厅长宗藻生宴会。

29 日上午参观师大附中及农、商两实业学校，下午 2 时参加理科教员讨论会。

30 日上午参观协和师范及博文中学，下午参观希理达女校。

31 日上午参观汉口学校，并游览名胜。

11 月 1 日上午游览名胜，晚上离汉赴宁。

以上行程的翻译事宜由林卓然、梅经言两博士及严士佳、林和成诸先生担任。

推士在汉期间，还计划为湖北设置“公共科学试验所”，分四年筹设，经费 20 万元。武汉地区理科教员乘此机会组织了“科学教育研究会”，并请推士对该会章程予以指导。

舒尔曼在文华大学演讲

据《申报》报道：1923年5月18日，美国驻华公使舒尔曼到汉口视察美国军舰后渡江谒见萧耀南，当晚乘火车赴长沙，21日返汉。23日下午，在文华大学演讲《社会主义》，听者甚众，萧耀南亦到会听讲，3点钟结束。当晚乘车返京。

有资料显示，雅各布·古尔德·舒尔曼（Jacob Gould Schurman，1854—1942），美国教育家、外交家，曾任康奈尔大学校长，于1921年6月2日被任命为美国驻中国特命全权公使，1921年9月12日在北京递交国书，1925年4月15日离任。

王亚南进入中华大学学习

王亚南（1901—1969），湖北黄冈（今团风县）人。1916年入武昌第一中学，1923年考入武昌中华大学教育系，同时兼任中学英语教员，受董必武影响，接受进步思想。

1927年，王亚南投笔从戎，在长沙参加北伐军，并在军中担任政治教员。大革命失败后，他从武昌东下上海、又辗转来到杭州，因生活所迫寄居在大佛寺。

1929年，王亚南东渡日本，在东京研究马克思主义经济学，从事写作，并开始翻译资产阶级古典经济学书籍。1931年回国，在上海以翻译和教书为业，从事进步文化活动。其间，翻译了亚当·斯密的名著《国富论》、马尔萨斯的《人口论》、约翰·穆勒的《经济学原理》等经济学著作，出版了《经济学史》《世界政治经济概论》等，在学术界开

王亚南像

始崭露头角。1933 年 11 月，十九路军入闽，发动“福建事变”后成立福建人民政府，函邀他往福州出任人民政府的文教委员和人民日报社社长，失败后亡命欧洲。1935 年回国，与郭大力一起翻译《资本论》，该书于 1938 年出版。抗日战争时期，王亚南先后执教于中山大学、厦门大学，在厦门大学执教时任福建省研究院社会科学研究所所长。

1949 年，王亚南入清华大学执教。1950 年任厦门大学校长。1954 年后，被选为第一、二、三届全国人民代表大会代表、中国科学院哲学社会科学部学部委员、福建省政协副主席、福建省教育工会主席、福建省哲学社会科学联合会主席。1957 年加入中国共产党。“文革”时受到迫害，1969 年去世。

王亚南还是著名的经济学家。他第一个翻译了《资本论》，第一个提出中国经济学的概念，在经济史研究中成果丰硕，在中国半封建半殖民地经济形态的理论研究上也有杰出贡献。

王亚南还是著名的教育家。一生从教 30 余年，担任过系主任、学院院长、学校校长等职，积累了丰富的经验，在教育观、大学观、教学观等方面的研究形成了系统、独到的见解。

1924 年

康有为到中华大学演讲

康有为像

据 1924 年 1 月 26 日《申报》报道："康有为敬下午五时在武昌中华大学讲'大同主义与人道'。"根据韵目代日的方法，"敬"乃指代二十四日，即康有为是 1924 年 1 月 24 日到中华大学演讲的。

从康有为于癸亥年十二月二十九日（1924 年 2 月 3 日）所撰《唐烈士才常墓志铭》得知，康有为当日到武昌，与弟子张篁溪（伯桢）找到洪山寺僧，由其向导，翻越洪山，到山后乱坟中寻找庚子烈士墓，"踯躅顾盼，披荆穿蔓"，寻了好久无所得，而突然看见露出地面的短碑，大喜过望。当时"残雪满山，江波映日"，在烈士死后 24 年，康有为乃得浇酒焚纸，祭奠唐才常与诸烈士墓，深为感慨。下山后，乘巡阅使萧耀南出面接待他时，康有为将庚子烈士墓的衰败情形告诉了萧耀南，萧耀南当即慨允维修烈士墓，在座的中华大学校长陈时亦慨诺承担维修事宜。康有为赞叹道："盖旌英贤之死，于一摩后世之兴起。甚矣，二君之美也。”

当天下午 5 时，康有为在中华大学演讲。

泰戈尔到中华大学讲学

中华大学注重对外学术交流，请国内外著名学者来校讲学是它的一个重要特点。除了前面已经述及的曾邀请美国著名教育家杜威来校讲学外，还邀请了德国哲学家杜里舒演讲《达尔文学说之批评》，德国职业教育专家培伦子演讲《德国补习教育》，还有美国教育家孟禄、印度著名诗人泰戈尔等亦曾来校讲学。

泰戈尔像

拉宾德拉纳特·泰戈尔（1861—1941），是印度著名诗人、文学家、社会活动家、哲学家和民族主义者。1913 年获诺贝尔文学奖。

1924 年，泰戈尔首次访问中国时，5 月 25 日由著名诗人徐志摩陪同从太原到达武汉访问。当天下午，泰戈尔在武昌体育场举行的湖北教育界欢迎大会上发表演讲，主题是批驳“中国所需要者为物质文明，而精神文明非所需要”的观点，宣称“中国此时并不需要物质之进步，更急需的是精神之复兴”。当时为泰戈尔担任翻译的是徐志摩。

会后，泰戈尔到昙华林参观了一座教堂，晚上出席湖北教育各界举行的欢迎宴会，并应邀到中华大学演讲。

武汉成立反帝国主义运动大联盟

反帝国主义运动大联盟是1924年7月由北京学生联合会、社会主义青年团、马克思学说研究会等50多个团体在北京联合发起成立的团体。该联盟以打倒帝国主义的侵略政策、废除一切不平等条约为宗旨。胡鄂公、雷殷、李世璋、周道文、谢复初等15人为执行委员。7月27日设立宣传部，以方梦超、龚德柏等12人为书记委员。在它的号召下，上海、山东、浙江、湖北、湖南、天津等地也先后成立了反帝大联盟。国共两党领导人纷纷发表文章，对大联盟予以支持。出版《反帝国主义运动大联盟会刊》。1924年9月3日至9日（9月7日为《辛丑条约》签订日），大联盟倡议发起“中国人民反对帝国主义运动周”。到这年年底，反帝废约运动与中国共产党发起的国民会议运动相汇合，形成了声势浩大的反帝浪潮。

湖北中共党员和国民党左派董必武、陈潭秋、钱介磐、刘昌群等联合陈时等人，以湖北教育界名义发起，于8月23日在中华大学召开武汉反帝国主义运动大联盟筹备大会，联络武汉所有人民团体一致参加，与京沪等地遥相呼应，相互配合，共同开展反帝废约运动。大会推举陈时为委员长，陈潭秋、钱介磐等为筹备委员会委员。

9月3日，武汉反帝国主义运动大联盟（简称“反帝大联盟”）在湖北省教育会成立，出席会议的有武汉学生联合会、湖北平民教育会、湖北职业教育会等30余团体的200多人，推选董必武、陈潭秋、陈时、钱介磐等15人为执行委员，陈时为委员长。该会旨在反对帝国主义的压迫。7日，武汉反帝大联盟发起50余团体数千人在武昌阅马场举行湖北全省国民纪念“九七”国耻大会，公推董必武为大会主席，学生代表许鸿为副主席。会上，董必武发表了讲话。会后举行大规模游行，震动国内外。

马寅初到中华大学等校演讲

马寅初（1882—1982），字元善，中国当代经济学家、教育学家、人口学家，浙江嵊州人。曾留学美国，获博士学位。学成回国后，任北京大学经济学教授，致力于教学与科研，著书立说，抨击时弊，成为“五四”运动前夕就享很高声誉的教授。他常应邀到北京、上海等地高校和银行公会等单位演讲，出版过 4 部演讲集。他还是一位英勇不屈的民主斗士，曾因反对“四大家族”的官僚资本主义，痛斥国民党政府出卖民族利益而被当局关押在集中营数年。新中国建立后，马寅初曾任政务院财经委员会副主任、北京大学校长等职。1957 年因发表“新人口论”方面的学说而遭到错误批判。1960 年辞去北大校长职务。党的十一届三中全会后，担任北京大学名誉校长，并重新当选为第五届全国人民代表大会常委会委员。1981 年，当选为中国人口学会名誉会长、中国经济学团体联合会第一届理事会顾问。1982 年 5 月 10 日，因病逝世，享年 100 岁。1993 年 8 月，获首届中华人口奖“特别荣誉奖”。2019 年 9 月，被评为“最美奋斗者”个人。他一生专著颇丰，特别对中国的经济、教育、人口等方面有很大的贡献，有当代“中国人口学第一人”之美誉。

1924 年，平民教育运动促进会在南京召开第一次大会，陈时和马寅初都出席了。陈时感到私立大学有向经济学发展的必要，在会上面请马寅初到中华大学讲授经济学，马寅初欣然接受了这一约请。会后不久，马寅初便同国立上海政治大学校长张君劢一起来中华大学讲学，讲

马寅初像

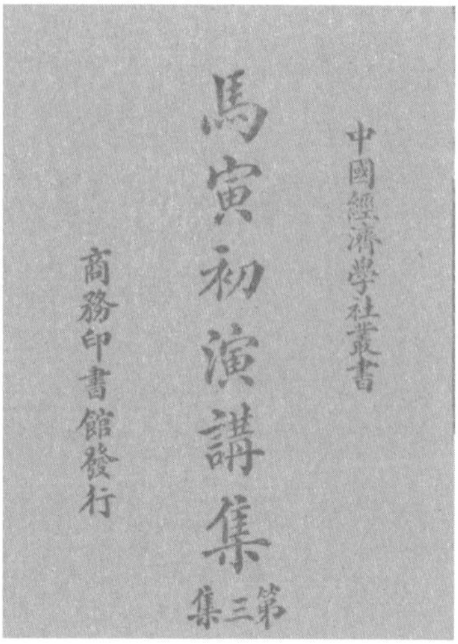

《马寅初演讲集》书影

学内容为中国经济学、中国经济改进之必要等，促进了武汉地区这类学术活动的开展。

据《马寅初演讲集》第二集所载演讲记录稿可知，1924 年 8 月 14 日马寅初到武汉，与张君劢同寓武昌青年会。马寅初在武汉讲学，受到学界热烈欢迎，几天时间到各处演讲 10 余场。其中，8 月 21 日在中华大学演讲《中国币制问题》，22 日在国立武昌商科大学演讲《德发债票问题》（金国珍、萧贞昌记录），23 日在中华大学经济学系演讲《吾国关税问题》（胡治新、杨悦祖记录），同日在武昌师范大学演讲《经济与教育之关系》（李国瑄记录），25 日在北大毕业同学会湖北分会演讲《中国外债之特色》（胡志方、田元魁记录），在此前后还在中华大学暑期学校演讲《无确实抵押之内外债问题》《中国之银行问题》（李国瑄、金国珍记录）、《金佛郎问题之研究》，在汉口银行公会演讲《中国银行界前途之危机》。

据《马寅初演讲集》第三集载，1925 年 10 月，马寅初再次应邀到武汉讲学，在中华大学演讲《中国缺乏资本之影响》，在武昌大学演讲《英国之过去现在与将来》（赵演记录），在武昌商科大学演讲《中国财政之改造》，在汉口银行公会演讲《中国关税问题》（戴铭礼记录）等。

华中大学正式开学

1922 年 2 月，美国圣公会、美国复初会、美国雅礼会、美国遵道会、英国伦敦会、英国循道会等差会代表和中国教育委员会代表在汉口吴德施主教寓所开会，决定在武昌创办华中大学。旋成立华中大学临时管理委员会。1924 年，华中大学理事会组成，吴德施担任理事会主席，孟良佐任华中大学代校长。9 月 8 日，以武昌文华大学为主体，合并武昌博文书院大学部（由英国循道会于 19 世纪末创办）和汉口博学书院大学部（由英国伦敦会于 1899 年创办），组成了私立武昌华中大

孟良佐像

华中大学操场与体育馆

学，以原文华大学为校址。最初设文、理、图书馆三科。10 月 2 日举行开学典礼，89 名学生注册。华中大学成立之初，文华大学校仍然存在。由于华中大学当时尚未注册，其学位授予仍以文华大学校的名义。12 月，华中大学举行了韦棣华来华 25 周年纪念活动。

佛学女众院在鼓架坡建立胜蔓精舍

太虚大师像

1924 年，李隐尘居士等捐资创办佛学女众院于鼓架坡胜蔓精舍（即李隐尘宅）。它是全国第一所女子研习佛学的高等院校，隶属武昌佛学院。武昌佛学院为太虚大师 1922 年在武昌千家街所创建。太虚大师是中国近代佛教改革运动中的一位理论家和实践家。1928 年，武昌佛学院改名为世界佛学苑筹备处，女众院也改名为世界佛学女众院。1933 年方本仁夫人李德慈女士任董事长后，筹集资金，改善了办学条件。女众院除讲授佛经外，兼教授科学、哲学、文学，后加开了英文和数学课。每期 3 年，学员 20 ~ 40 人。1948 年，该院因太虚大师圆寂后经费困难而停办，大部分学生转入汉口栖隐尼众学院。

1925 年

国民党武昌昙华林区分部建立

1925 年 3 月，受党组织的委派，湖北省立甲种工业学校进步学生聂洪钧、帅云山等在武昌昙华林一带的学生和居民中发展国民党员。此时，共产党员以个人身份加入国民党，实行党内合作，以国共合作为基础的统一战线建立起来，推动了国民革命的开展。在湖北地区，董必武领导建立了国民党湖北省党部和各级党组织。昙华林地区学校众多，学生思想活跃，参与革命的热情高涨，因此，国民党党部决定在此地建立区分部，湖北省立甲种工业学校位于昙华林，追求进步的学生很多。聂洪钧、帅云山等在昙华林地区的湖北省立甲种工业学校、省立一中、女子职校、文华中学、三一中学发展了十多名国民党员。

6 月，国民党武昌昙华林区分部在湖北省立甲种工业学校召开成立大会，时任中共湖北区委组织部长兼国民党湖北省党部组织部长的陈潭秋到会讲话。聂洪钧的同学、新中国成立后任湖北民革副主委的杨春波回忆道："高级工业学校（注：指湖北省立甲种工业学校）先后成立了地下国民党区分部，由于国共合作，共产党员帅云山（天门人）、聂洪钧（咸宁人，解放初曾任湖北省人民政府副主席）掌握国民党区分部的领导权，还成立了学生会，我参加了国民党和学生会两种组织，开始从事民主政治活动。"当时，湖北处在北洋军阀的控制之下，国民党湖北省党部、昙华林区分部都还处于秘密状态。

陈潭秋夫妇先后居戈甲营和太平试馆

徐全德在《回忆我的二妹徐全直》一文中说："五四"运动以后，湖北省女子师范学校聘陈潭秋、刘子通、黄负生等几位青年老师。陈潭秋在徐全直班上教英文，刘子通教语文。他们在上课时，讲中国封建腐朽的社会制度、讲军阀专横和帝国主义的侵略以及女子受压迫的根源，提高了学生的觉悟，并指出了斗争的方向。徐全直和同学夏之栩等受到启发，投身学潮和革命运动。

1925年春，徐全直任武昌高师附小教员，同她的革命导师陈潭秋结婚。他们先居住在武昌戈甲营。因革命工作紧张，后迁居于武昌太平试馆，有时把陈潭秋的母亲请到她家烧香拜佛，以掩护革命工作。

陈潭秋像

徐全直像

国民革命军北伐到武昌，驻守武昌城内的北洋军阀刘玉春、陈嘉谟闭城以抗。陈潭秋与徐全直等均在城内做策应工作。国民革命军夺取武汉以后，徐全直任省立第二小学校长，兼做湖北省妇女协会的工作。她广泛地联系妇女，团结群众，培养青少年，推动了革命力量高涨，成为湖北妇女运动的先驱。

晏道刚公馆落成

晏道刚公馆建于 1925 年，位于昙华林崇福山街高家巷 17 号，两层中西结合、以西式风格为主的砖木结构洋楼，墙身用黑砖白水泥，有阳台、宝瓶式栏杆、尖顶，现为武汉市优秀历史建筑。

晏道刚（1889—1973），字祖荣，湖北汉川人。清光绪三十三年（1907）就读于武昌陆军第三中学堂。宣统三年（1911）以学生军排长入伍，参加武昌起义。1919 年 10 月任湖北督军署参谋。1925 年 8 月任两湖巡阅使署参谋，旋调任陆军第二师参谋处处长。次年 8 月加入国民党，参加北伐战争。

自 1927 年起，晏道刚历任国民革命军第二路军总指挥部参谋长、南京编遣委员会点验组第二组副主任、陆军军官学校北京分校教育长和武汉分校办公室主任兼第八期第一总队队长。1931 年任南昌行营第一厅副厅长。1933 年 3 月任国民政府军事委员会委员长侍从室主任。1935 年为西北行营参谋长，负责监督张学良的东北军和杨虎城的西北军，发现张学良倾向抗日。为调和蒋介石与张学良的关系，他一面劝张接受蒋的意图，一面劝蒋对张不可压制过甚。西安事变发生后，蒋介石以渎职罪将晏扣押，宣布“永不录用”。

1937年8月，晏道刚经何应钦保释回汉，任军政部武汉办事处主任，主持抗日军队的军火接济调配工作，并任国民参政会顾问。1939年任重庆抗日战地党政委员会委员兼军务组长，曾与李济深、孙科等人秘密组织“三民主义同志联合会”（“民革”前身），主张倒蒋。后因孙科反水失败，1945年8月被勒令退职。

1946年晏道刚回武汉闲居，次年赴上海，与中国国民党革命委员会驻沪代表郭春涛接头，受命任民革驻武汉特派员，参加民革地下组织活动。1948年，接受中共武汉党组织领导，参加迎接解放的工作。

中华人民共和国成立后，历任中南军政委员会参事室参事、中国国民党革命委员会团结委员会委员。1954年被选为湖北省人民委员会委员、省政协委员和省民革常委，任省参事室参事。著有《军队教育》《中国之义务兵制》《西安事变记》《蒋介石追堵长征红军的部署及其失败》等。

孟禄在中华大学演讲

1925年，美国著名教育史学家、比较教育学家孟禄（Paul Monroe，1869—1947）再次来到中国。自1913年他首次来华，至1941年，共访华14次。

1924年，专门负责庚子赔款退款事宜的中华教育文化基金董事会成立，孟禄出任副董事长，为此，他多次来华。

1925年5月22日上午，孟禄偕夫人等乘“江安号”轮船抵达汉口，受到商、学各界人士的欢迎。孟禄在接受英文《独立信使》报记者采访时，就庚款问题发表谈话，称庚款基金的分配是一个很大的问题，在董事会年会召开前，将会有多次讨论。

孟禄像

当天晚上，他被早已等候在汉口的湖南交涉司长接往长沙。在长沙演讲和考察后，于27日乘“湘潭”轮回到武汉。28日上午11时，孟禄在武昌师范大学演讲《国家之主义与教育》。12时45分出席由中华教育改进社湖北分社发起的在抱冰堂举行的欢迎宴会，湖北省长萧耀南出席并主持。孟禄应邀即席演讲，林卓然翻译。宴毕，孟禄到中华大学演讲，讲题仍然是《国家之主义与教育》，严士佳翻译。演讲结束后到汉口，乘晚车赴北京。

1937年6月，孟禄再次来汉，参观了武汉大学。

柏克赫斯特在中华大学演讲

1925年7月，美国教育实验家、道尔顿制创始人柏克赫斯特（Helen Parkhurst，1887—1973，一译帕克赫斯特）女士应邀来华访问。“道尔

柏克赫斯特像

顿制”（Dalton plan），是指柏克赫斯特 1920 年在美国马萨诸塞州道尔顿中学创行的一种个别化教学形式。由于在改革传统班级授课制、促进学生社会化等方面有一定效果，道尔顿制遂在世界范围内传播开来。正进行着“新教育运动”的中国教育界为改革班级授课制、培养更符合当时社会发展的人才，将道尔顿制引进中国。但由于种种原因，中国的道尔顿制试验并不成功。在此情况下，为解决国内推行道尔顿制的困难，中华教育改进社便邀请柏克赫斯特来中国讲学并指导道尔顿制的实施。

1925 年 7 月 14 日，柏克赫斯特抵达上海，开始了为期一个半月的中国之行，所到之处她均发表演讲，并参加讨论会和其他教育文化交流活动。

7 月 27 日晚，柏克赫斯特到达武汉，下榻武汉青年会。翌日，访问教育厅、教育会、督军署等处，午后出席欢迎宴会和武昌模范小学的校务讨论会。晚上，在抱冰堂出席欢迎宴会。

7 月 29 日上午 8 时，柏克赫斯特在中华大学公开演讲，听众 500 余人，所讲题目为《道尔顿制之哲学方面的研究》，由高仁山翻译。她追源寻流，听众均极为领会。10 时演讲结束后赴师大参观。中午在督署出席宴会，督办萧耀南亲自陪同，并致欢迎词。

下午，柏克赫斯特在中华大学出席道尔顿制研究会的讨论会，回答了教育界人士提出的 34 个问题；晚上在文华大学出席音乐会，观赏中国音乐演出。

7 月 30 日，柏克赫斯特到武昌模范小学演讲。

高仁山将柏克赫斯特在汉的言论编为《柏女士讲演讨论集》,1925 年由北京印刷局出版。

胡适到华中大学演讲

1925 年 9 月底 10 月初，胡适应邀到武汉讲学。其日记《南行杂记》记载：“这回南下是受了武昌大学和武昌商科大学的邀请，去演讲五次。但到了武汉之后，各处的请求很难拒绝，遂演讲了十余次。”他记的日程中有在武昌大学讲《新文学运动的意义》《中国哲学史的鸟瞰》，在武昌大学国文学会讲《谈谈〈诗经〉》，在文科大学和武昌大学讲《读书》，在武昌大学附中讲《中学国文》，在武昌商科大学讲《文化侵略》，在银行公会讲《谈谈政治》，在武汉各界欢迎会上讲《新文化》，在青年会讲《道德教育》。

他在日记中记录了在武汉几天的观感，其中有这样的话：“湖北开化最早，——与中原文化约同时，——古代所谓楚民族的文化是也。然而依丁在君的统计，湖北在各朝代的史传里有名的人物之中，成绩最

胡適像

低，平均每朝只占百分之三。此中原因定必很复杂，然天气之酷热当居其一个原因。汉口的炎热为全国之冠，夏间午夜热度有时也不降低。居此的人，每年有四个月不能作事。这是文化上一大障碍。此间江汉河流，地势洼下，故有此现象，然多造森林，或可少许挽救。今日龟山、蛇山仍是光濯濯地，无人肯做此十年种树的大计，可叹。”

10 月 5 日，胡適在华中大学讲演《教会教育》。

1932 年胡適再次到华中大学演讲。胡適日记记载：12 月 7 日“下午三点一刻，赶到华中大学演讲，题为“我们所能走的路”，听者在千人以上。演讲完后，参观‘华中’各部分。此校学生不过一百多人，而办理很不错。校长韦君卓民很有气度。教授之中，最好的人才为桂质廷君，他的物理学的部分最有成绩。”晚上在韦卓民家吃饭，中华大学校长陈时、武汉大学校长王世杰皆在座。

1948 年，胡適再次来到华中大学演讲，校长韦卓民在主持演讲会时称胡适是“蜡烛”，照亮了年轻人；而胡适在演讲时则说，韦校长是“蜡烛台”，把“蜡烛”抬高了。胡适此话一语双关，既真实又形象。

章太炎到中华大学讲学

中华大学在陈时校长领导下，为活跃学生思想，贯彻“兼容并蓄”的办学理念，博采众家之长，广招八方之贤，经常邀请国内外著名学者前来讲学。外国学者来校讲学的情况已如前述，国内学者来校讲学者亦不胜枚举。在办学的数十年间，中华大学先后邀请著名学者和社会活动家前来讲学。梁启超讲东西文化，黄炎培讲职业教育，康有为讲大同主义与人道，章太炎和黄侃同讲古文字学，太虚法师讲佛学入门，陈映璜讲人类学，胡适讲新文化，李四光讲中国地质学，蔡元培讲教育，张伯苓讲教育学与体育学，王世杰讲现代教育学，陈立夫讲唯生论，冯玉祥讲国际形势，还有郭沫若、邹韬奋、陶行知、张学良、顾维钧、蒋百里、邓初民、杨杰、邵力子、张君劢、范长江、李公朴、梁漱溟、辜鸿铭、陈诚等。有学生回忆：“每次演讲会，中华大学校长陈时先生（号叔澄）总是穿长衫马褂坐在前排，恭恭敬敬地听讲。”

1925 年 10 月 18 日，趁国学大师章太炎（1869—1936）由湘赴沪途经武汉的时机，中华大学邀请他到校讲学。章太炎的讲学受到广大师生的欢迎，中文系成立国学研究会，还推举章太炎担任会长。陈时孙女陈家益在中华大学百年校庆会上讲了一段趣闻，她说：“章太炎的学生黄侃自 1922 年至 1925 年，一直在中华大学执教。1925 年 9 月，章太炎到武汉访问，然后，与黄侃、陈时一起到岳阳，受到吴佩孚的盛情接待。此后，章太炎去了长沙，黄侃和陈时共游岳阳楼，一同诗词唱和

章太炎像

后回到了武汉。10 月，章太炎经过武汉回江苏途中，在中华大学讲学，由于他一口江浙口音，由黄侃用湖北话翻译，成为讲学史上的一段佳话。据史料记载，10 月 22 日，陈时与中文系学生在奥略楼宴请章太炎和黄侃，当时中华大学成立了国学研究会，并推举章太炎为会长。"

蔡济璜考入武汉中学

中共麻城县委第一任书记蔡济璜（1905—1928），麻城夫子河镇蔡家大垸人。幼时读私塾，稍长转宋埠镇上公学。1923 年春，考入麻城县立高等小学学习。受老师王幼安进步思想的影响，和同学刘文蔚、王树声等一道参加了王幼安秘密组织的"马克思主义研究小组"。1925 年在武汉中学求学时，受董必武影响和培养，蔡济璜加入了中国共产党。同年冬，受组织安排，他回到麻城，在一道桥组建中共麻城特别支部，任特别支部委员。1926年夏，北伐军逼近武汉，各校提前放暑假。蔡济璜等奉党的指示，回乡领导革命。在国共合作背景下，他加入国民党，并接办麻城县国民党党部，同时任中共麻城特别支部书记，发动农民参加革命。1927年5月，中共麻城县委正式成立，蔡济璜任县委书记。其间，留有诗歌一首："明月照秋霜，今朝还故乡。留得头颅在，雄心誓不降。"表达了共产党人大无畏的革命精神。"七一五"反革命政变后，蔡济璜奉上级指示，赴江南参加叶挺、贺龙的部队，由于国民党军队封锁严密，终未成行，转移到乘马、顺河地区继续从事革命活动。中国共产党的"八七"会议精神传达到麻城后，蔡济璜深入麻城邱家畈、林家山、李家楼等地，发动农民暴动。之后，他作为黄麻特委委员，参与组织和领导了著名的"黄麻起义"。受挫后，起义军转战木兰山，他奉命就地坚持斗争。12月，由于叛徒告密，蔡济璜与县委委员刘文蔚、邓天文同时被"铲共团"捕获。面对敌人屠刀，他视死如归，坚定地说："我们共产党人是杀不尽的，革命一定会成功，你们的日子是不会长久的。"1928年2月，蔡济璜被杀害于林店河边，时年23岁。

刘文岛夫妇受聘中华大学教职

1925年，中华大学为了进一步发展教育，特聘两位著名教授来校任教，一位是刘文岛，另一位是刘文岛的夫人廖世劭。二人均系留法博士。

刘文岛（1893—1967），字永清，号尘苏，别号率真，湖北广济

刘文岛像

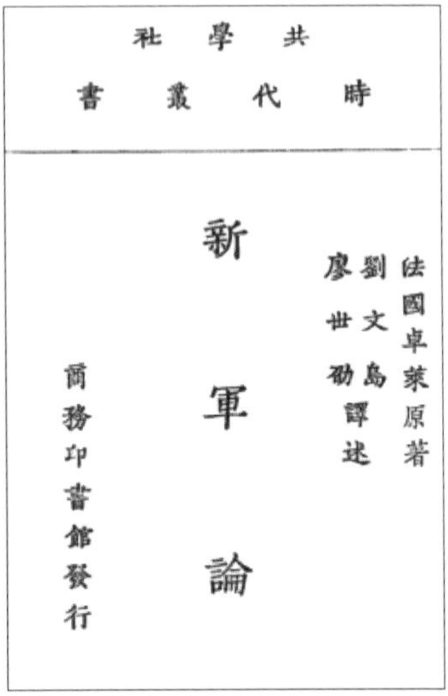

共學社

時代叢書

新軍論

法國卓萊原著

劉文島 廖世勀 譯述

商務印書館發行

刘文岛与廖世勀译著《新军论》书影

（今武穴市）人。曾留学日本，1917 年返国，所撰《政党政治论》得到梁启超赏识，拜梁为师。1918 年 12 月随梁启超所率欧洲考察团赴法国，得梁启超资助，入巴黎大学学习。1922 年与同在法国留学的廖世劭结婚，1925 年夫妻二人同获博士学位，是年夏回国，任武昌中华大学教授。北伐时，任第八军政治部部长和党代表。1926 年 10 月，汉口市政委员会正式成立，33 岁的刘文岛为首任市长。任内，他注重市政建设，主持修建了民生、民权、民族和三民等马路，筹建三民路孙中山铜像，主持兴建中山公园，将官办“新市场”改为民办“民众乐园”，整修堤防，拆除江边吊脚楼，修筑沿江大道等。1931 年 6 月 9 日，汉口市由行政院直辖改为省辖，刘文岛调任湖北省政府委员兼民政厅长。

廖世劭（1898—1928），江苏嘉定人。武汉国民政府时期曾任国民党汉口市党部妇女部长。1928 年逝世于上海，时年 32 岁。据报载，其墓在武昌东湖生态风景区公安分局水上派出所附近，墓碑上刻有“亡妻廖世劭之墓”字样。

刘文岛的著作有《政党政治论》《行业组合论》等，与其妻合译有《新军论》《民约论》等。

1926 年

黄侃执教中华大学

从 1922 年起，黄侃在中华大学、武昌高等师范大学两校执教，所讲授课程有《尚书》《尔雅》、文字、声韵、《文选》、宋词诸课。1926 年，武昌中华大学代理校长张珽辞职，由李汉俊与黄侃出面组织临时校务维持会。春夏之交，黄侃由武昌蛇山南麓之黄土坡，迁居城北的马家巷。当年 6 月 18 日（五月初九）有《与段凌辰书》附言：“兄寓武昌涵三宫马家巷八号，赐书可直达此。”在此期间，黄侃应从侄之请

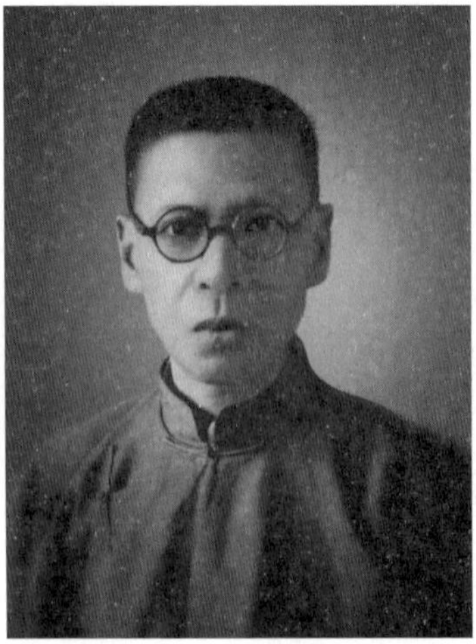

黄侃像

写有一幅行草书法，落款为“丙寅四月侃在武昌马巷□□”。

陈启天在中华大学演讲引起冲突

1926 年 6 月 13 日，主张国家主义的青年党首领陈启天在中华大学演讲《新教育政策》，听讲者六七百人。会上，国家主义青年团武汉分部的极右分子散发传单，配合陈启天的宣传。这一举动违反校长陈时在会前宣布的规定，扰乱了会场。中华大学附中进步学生不甘示弱，也散发传单，反对陈启天的演讲，双方发生激烈冲突。湖北督军陈嘉谟应校方要求派军警弹压，逮捕进步学生 7 人，并殴伤数人。武汉教育界强烈抗议，武昌各校还成立“救济被捕同学委员会”，声援进步学生。中共《向导》周报也连续发表《武昌中华大学武剧之真相》《武昌中华大学武剧中国家主义者的构陷》等文，揭露国家主义派的本来面目，猛烈抨击军警暴行。最后在社会舆论的压力下，经各方交涉，被捕学生交保获释。

陈启天（1893—1984），亦名声翊、国权、春森，笔名翊林、明志，湖北黄陂人。1912 年考入中华大学政治经济科，1915 年毕业。1917 年至 1918 年，在中华大学中学部任教，后任教于文华大学等校，编有《新宪法学》讲义等。

北伐军在花园山活捉刘玉春

1926 年，北伐军抵达武昌城下，遇到北洋军第八师师长、武昌守

刘玉春（戴瓜皮帽者）被活捉

城司令刘玉春和湖北督军陈嘉谟等人的顽强抵抗，经过 40 天的围城战斗，北洋军不得不开城投降，武昌城终于在 10 月 10 日被北伐军攻克。刘玉春化装躲在花园山文华书院传教士（一说武昌教区主教孟良佐，一说文华书院魏洋人）家里，北伐军获知情况后将其活捉，并游街示众。陈嘉谟混在人群中从汉阳门出城，经查获后被押回城内。

1927年

周恩来于圣约瑟学堂会见贺龙

贺龙（1896—1969），湖南桑植人。1914年加入孙中山领导的中华革命党，曾任县讨袁护国军总指挥，湘西护国军营长、靖国军团长、四川警备旅旅长、混成旅旅长，建国川军师长。1926年参加北伐战争，任国民革命军第九军第一师师长。1927年所部被国民政府批准扩编为国民革命军第二十军，贺龙升任军长。

1927年6月，贺龙率兵来到武汉，所率二十军军部设在武昌昙华林一带的崇福山街41号（原为武昌候补街高家巷）圣约瑟学堂。

此处早年是基督教美国圣公会开办的圣约瑟礼拜堂，也是反清革命团体日知会旧址。1920年，圣约瑟教堂扩建，附设中小学。至今，该学堂的大门框及堂匾还保存十分完好。

贺龙驻扎在武汉时，将介石已发动“四一二”政变，大肆杀戮共产党人和人民群众，汪精卫也已逐步右倾。贺龙此时虽不是共产党员，但赞成中共的主张。1927年7月上旬，时任中共中央军委负责人的周恩来亲自到贺龙的驻地，与贺龙进行了亲切交谈。在交谈中，周恩来揭露了蒋介石、汪精卫的反动本质，阐述中共主张。通过交谈，贺龙进一步坚定了参加中共领导的革命的决心，表示听从中共的指示。贺龙利用在武汉广招学兵、工兵的机会，将一大批共产党人，如陈赓、段德昌、范

贺龙像

圣约瑟学堂旧址

长江等都安排在自己的军中，从而避免了一些中共党员被反动派屠杀。7 月 15 日，汪精卫在武汉叛变。根据中共的安排，贺龙率军进入江西南昌。1927 年 8 月 1 日，贺龙与周恩来等人领导了著名的南昌起义，打响了武装反抗国民党反动统治的第一枪。因此，贺龙成为中国共产党领导的人民军队的创始人之一。昙华林见证了贺龙一生中的重大转变。

贺龙是中国工农红军和中国共产党领导的军事力量的主要领导人，中华人民共和国成立后，先后任国务院副总理、中华人民共和国国防委员会副主席等职，1955 年被授予中华人民共和国元帅军衔。1983 年夏，贺龙夫人薛明曾率领子女到武昌崇福山街 41 号寻访贺龙的足迹。

1928 年

汉北医院育婴堂迁建花园山

花园山育婴堂原创立于汉北医院，创办人是美籍德国人何德美女士，实际出资人为美籍方济各会会士、武昌监牧区监牧艾原道。1928 年，育婴堂从汉北医院迁往武昌花园山原文学书院旧校舍，建立花园山育婴堂。1929 年，圣约瑟善功修女会成立，负责管理育婴堂。育婴堂是接受弃婴的教会慈善机构，起初是收养婴儿后寄养于外，后收养日多，集中于堂内抚养，因条件有限，死亡率很高，死婴多掩埋于堂后的土坑中。1951 年，武汉市人民政府接管育婴堂，改名武汉市育幼院，并在山后建“万婴墓”。育婴堂现为武汉市儿童福利院。

艾原道（1877—1940）来华较早，光绪三十一年（1905）初深入武昌传教，开始是在文学书院教外语，后来赴湖北鄂城、黄冈、蕲州农村传教，宣统二年（1910）调任汉口圣约瑟堂鄂东代牧区主教公署经理处主任，主持修建汉口天主堂医院。中途返美，旋回武昌，在郎家巷创立天主教文学中学，担任学校教务总监。1925 年，教廷委任艾原道为武昌监牧区监牧。1926 年回美国募集资金和人员来华，支持创办花园山育婴堂、武昌圣约瑟诊所、武昌大堤口圣罗撒女子小学和圣罗撒诊所、武昌善导女子中学、武昌方济印书馆等。1931 年，武汉大水，艾原道指示所属修女为难民施诊送药。武汉会战前后，育婴堂收容难民数

花园山育婴堂

千人。1940 年艾原道病逝，安葬于蛇山，1954 年迁葬于武昌花园山主教公署院内。

湖北省举行第一次县长考试

1928 年 10 月 20 日，湖北省政府考试委员会在位于昙华林的湖北省立第一中学举行县长考试。县长考试属于特种考试，此次考试规模很大，报考人数达 1 287 人，缺考仅 20 余人。由于是第一次举行县长考试，湖北地方政府十分重视，组成以国民党武汉政治分会主席胡宗铎为委员长、张华辅为副委员长的监试委员会，以张知本、谢远涵为正、副委员长的典试委员会。典试委员会聘请襄校委员 24 人，协助典试委员会开展工作。考试完毕后，成立 8 个阅卷小组，每组指派典试委员会 1 人、襄校委员 3 人，负责评阅试卷，试卷最后须经典试委员长审阅。22 日，由监试委员会正、副委员长监督抄录分数、核对名册等工作。次日发榜，共录取 308 人。张知本与民政厅长严重认为此次考试标准较高，将来不无遗珠之憾，曾决定视复试程度，将在次优等者列为副榜，使受相当训练，委充各县佐治人员。25日，举行复试，录取107人。

此类县长考试不定期举行，全国不少省份有先例，抗战时期和抗战胜利后，湖北也曾举行过。如1946年11月15日，湖北省各县县长在汉考试，考期5天，典试委员长为万耀煌。

张执一入群化中学学习

张执一（1911—1983），原名谨唐，湖北省汉阳县奓山镇袁岭村屠湾人。1926年在本县参加革命，次年5月加入社会主义青年团。1927年大革命失败，中断了与组织的联系。翌年，在武昌先后入张楚中学、群化中学读书。

群化中学是一所私立中学，创办于20世纪20年代，位于武昌涵三宫，为大悟人魏尊洛和咸宁人刘问山等所创办，魏和刘先后任该校校长。群化中学一直开办至新中国成立之初。

1928年2月，张执一在本县城内省立十二中读书，接上组织关系，7月转为共产党员。当年秋季考入武昌艺专文科班，并负责武汉青年反帝大同盟的工作。1930年2月考入湖北乡村师范，任中共武昌区委宣传委员、武昌农民行动委员会书记。次年3月毕业，赴襄阳任教，秘密从事党组织的发展工作。1932年4月返汉，组织武汉左翼青年联盟，投入抗日救亡运动。同年7月赴沪，任中共沪中区委宣传干事。9月在沪参加中共中央短训班学习，随后返汉，任中共武汉特委委员兼共青团武汉特委书记。10月底，因叛徒出卖而被捕。

1935年8月，张执一被保释出狱。1939年1月，任中共鄂西北特

张执一像

群化中学校徽

委委员，主持统战工作。1940 年 2 月，新四军豫鄂边区纵队扩编为豫鄂挺进纵队，张执一任该队政治部联络部长。1941 年 1 月皖南事变后，豫鄂挺进纵队整编为新四军第五师，第四支队改编为第一纵队，张执一任第一纵队政委兼政治部主任。1942 年，任襄河地委书记兼三军分区政委。1945 年 8 月日本投降后，张执一被派往上海从事统一战线工作，任中共上海局外县工作委员会书记，文化、工商统战工作委员会书记。

新中国成立之初，张执一任武汉市副市长。此后历任中南局委员、常委，中南局统战部长，中南军政委员会、中南行政委员会委员和秘书长，中南民族事务委员会主任，中南政法委员会主任等职。1953 年，负责创办中南民族学院。1954 年调至北京后，历任中央统战部副部长，第一、二届全国人大代表，第一届全国人大民族委员会副主任，中央民族事务委员会副主任，第三届全国政协常务委员会委员、副秘书长等职。

胡赘修建“半园”于鼓架坡

半园位于昙华林鼓架坡27号，系胡赘住宅。“半园”一词是对住宅的谦称。该住宅建造于1928年，为中式砖木结构民居，石匾右刻“民国十七年十月”，左边竖刻“谭延闿”三字，用长4尺、宽2尺的青石刻成。谭系晚清进士，曾任南京国民政府主席。大门靠右为一幢五开间平房，建筑面积266平方米。

胡赘（1885—1958），湖北孝感人。19岁从军，先后毕业于湖北陆军学校讲习所和北京宪兵学校，并参加日知会，任湖北新军第三十一标第三营督队官。武昌起义爆发时，该标被朝廷调往四川弹压保路运动，在资州反正，杀死率军入川的清廷督办铁路大臣端方。后该标改编为军政府直属教导团，胡赘任第三大队大队长，专门执行都督府警卫任务。

半园现状

辛亥革命失败后，曾参加荆襄护法战争，任荆沙警备司令。1921年曾参加湖北驱王（直系军阀王占元）自治运动。1926年率部策应北伐，并与国民革命军会师武汉。

1927年，胡赞退出军界，先后任武昌税捐处处长、武阳营业局局长、湖北省公产清理处处长等职。

1938年武汉沦陷后，胡赞回孝感。1945年抗战胜利后返回武汉，任辛亥首义同志会生产委员会主任委员，后又继续管理公产，担任湖北省公产整理委员会秘书长等职。

1948年平津和平解放后，胡赞积极参加反内战、促和平活动，和耿伯钊、李西屏等社会贤达一起参加地下党领导的“救济委员会”筹建工作，组织“湖北和平促进会”，促成武汉和平解放。

1929 年

华中大学重建

1927 年 5 月，华中大学受时局影响宣布停办。代理校长孟良佐从美国返回后，竭力谋求复校，部分校友亦支持复校。1929 年，各教会差会几经协商，同意重建华中大学，并选举韦卓民任校长。当年在《申报》上刊登的开学通告称："本大学为文华（武昌文华大学）、雅礼（长沙雅礼大学）、湖滨（岳州湖滨大学）、博文（博文书院大学部）、博学（汉口博学书院大学部）等学校组合而成，仍假前文华大学原有校址开办，已聘定中外著名教授二十余人，现在业经筹备就绪，先行开办第一、第二两年级文理科，定于本年九月初旬开学。凡有志向学者，请函武昌县华林第二十号华中大学办事处索阅简章可也。"9 月，新华中大学按时开学。

翌年，共设文学、理学、教育三学院，文学院设中国文学、英国文学、商业、图书等学系，理学院附设医学预科。每学期招收男女新生及转学生一次。当年春季招生考试分别在武昌、长沙、上海举行。

1931 年 10 月，教育部复函批准华中大学校董会正式注册，圣诞节前下发批文，批准设有文学院、理学院、教育学院的华中大学以"大学"级别注册，校名"华中大学"，英文名为"Huachung College"。

1938 年日寇逼近武汉之时，华中大学开始西迁，先迁广西桂林，

华中大学女生宿舍——颜母室

后迁至云南大理喜洲。1946年迁回武昌。在日寇占领期间，1938—1941年校园被作为美国圣公会难民营，1941—1945年被日本军队强行进驻。师生返回前，中国军队正占据着校园。经过长时间交涉，军队终于撤出，满目疮痍的校园在短时间内得以修复，学校也恢复了发展势头。1949年武汉解放前夕，国民党政府胁迫华中大学南迁桂林，但韦卓民校长坚决抵制，组织师生护校，将华中大学完整地交给人民政府。

湖北省佛教分会成立

宣统元年（1909），全国各地成立僧教育会，三年（1911），中华僧教育会改组为中华佛教总会，总会设在上海，各省为支会，各县为分会。1929年4月，第一次全国佛教代表大会在上海召开，成立了中国佛教会。9月，湖北省佛教分会成立，分会设于武昌候补街，负责人是莲溪寺体空法师，主要成员为武汉宝通禅寺等各寺庙住持。

私立武昌文华中学成立

1924年，美、英、瑞典等教会决定在武昌创办一所联合大学，原文华书院大学部合并另两校，起名“华中大学”。文华大学中学部则独立出来，改名为“武昌文华高级中学”，同在昙华林校园内。1927年，学校主持人曾宣布停办，但许多中国籍教师不肯离去，在校园里继续办起“文华补习班”，并向中国政府申请立案，于1929年定名为“私立武昌文华中学”。

1949年后学校由私立改为公立，校名为武汉市第三十三中学。1985年恢复武昌文华中学校名。

武昌文华中学今貌

方本仁建住宅于昙华林鼓架坡

方本仁住所在武昌昙华林鼓架坡 29 号，现为一居民小区（与半园仅一墙之隔），该处原叫方家花园。

方本仁（1880—1951），号耀庭，湖北黄冈（今团风县）人。幼入私塾读书，年二十即为塾师。后投武昌右旗马队营当兵，被选送湖北陆军特别小学堂学习，毕业后仍回马队。清光绪三十三年（1907）入北京陆军军官学堂第二期，毕业后留京，任禁卫军骑兵排长。宣统二年（1910）调任陆军近畿第六镇吴禄贞部参谋、连长、营长，1912 年兼代参谋长。1913 年调任江西都督府参议厅长。1914 年，任江西陆军将校讲习所所长，后任督军署参谋长，授陆军少将衔。1916 年调任赣西镇守使。1922 年 10 月 19 日调任赣南镇守使。1923 年授“粹威将军”称号，次年任粤赣边防军务督办。11 月，江西督军蔡成勋令其攻打广州革命军，方本仁掉转枪口，将蔡赶走，受任江西军务督办。1925 年，兼任东南五省联防军江西军总司令。此后逐步倾向革命，曾配合革命军参加二次东征，合击陈炯明。1926 年 4 月出走上海，后投奔广州国民政府。8 月任国民政府江西宣慰使兼国民革命军第 11 军军长和右路军总指挥，参加北伐，后离职赴庐山闲居。1928 年 3 月任中央政治会议太原分会委员。1929 年 1 月任东北政务委员会委员，6 月任湖北省政府委员兼民政厅长，并代理湖北省政府主席。10 月任军事委员会委员长、北平行营主任。1930 年改任北平政务委员会委员。1931 年任军事参议院上将参议。1932 年任湖北清乡委员会主席。1936 年 1 月升中将。

抗日战争前夕，由军政界转向经济界，在汉口开设长江饭店、同济信托公司，开采蕲州裕利煤矿，兼办普一煤球厂。1938 年武汉沦陷，

方本仁像

方本仁随国民政府西迁重庆。不久，为保护私产，方本仁从重庆回到武汉，旋返回黄冈，遁入法门。后寓居武汉，拒绝出任伪政权职务，但受国民政府通缉。其长子方达智身陷敌营，任伪汉口市建设局长职，方本仁策划其脱离虎口，托董必武介绍其赴解放区参加革命。方本仁还支持其四子方达士抗日，方达士后来牺牲于晋南抗日战场。抗战胜利后，董必武参加国共谈判，与方本仁交往较多，受其保护。

1949 年，方本仁拒任国民党湖北民军总指挥，同年 5 月在武汉迎接解放。两年后病逝于天津。

方本仁曾捐资兴办萍乡平民工厂、黄州平民织布厂、百福寺楚黄高等小学、武昌启黄中学等。1925 年黄冈大旱，又募得 23 船粮食运回团风，赈济灾民。

20 世纪 20 年代末

石瑛修建住宅于昙华林三义村

石瑛故居位于武昌昙华林三义村，建于 20 世纪 20 年代末，建筑面积 750 平方米，与周围的房屋不一样，石瑛故居是一幢石库门式的二层楼房。红墙盖青瓦，麻石筑门廊，楼里带天井，楼外有院墙。董必武、陈独秀、陶铸、李四光等多次到此处造访，该故居具有重要的纪念意义和文物价值。

石瑛（1878—1943），湖北阳新人。清光绪二十三年（1897）补博士弟子员。光绪二十九年（1903），参加湖北乡试中举。次年公费赴欧留学。初至比利时，后入法国海军学校学习海船制造与驾驶专业，再赴伦敦大学主修铁道工程、海军军械制造。在欧洲留学期间加入孙中山领导的中国同盟会，是欧洲支部组建者之一。

宣统三年（1911）辛亥革命爆发，次年石瑛奉召回国，在南京临时政府总办禁烟事宜。孙中山辞职后，奉令回湖北，主持同盟会湖北支部，并转为国民党员，当选为湖北省议会议员与国会众议院议员。二次革命失败后再次赴英国伯明翰大学学习矿冶，获硕士学位。1922 年回国，应蔡元培之邀任北京大学教授。1923 年任武昌高等师范学校校长。

1924 年 1 月赴广州，参加中国国民党第一次代表大会，当选为中央执行委员，旋因参加西山会议派而辞职。

石瑛像

石瑛故居

1928 年，石瑛任湖北省建设厅长，与民政厅长严重、财政厅长张难先意气相投，被合称“湖北三怪”，意思是他们三人在官场上的行事不合时宜。实际上，这三人秉性相似，为官清廉，在任时严惩贪腐。1929 年冬，任武汉大学工学院院长。1930 年 12 月，任浙江省建设厅长。1932 年 3 月，擢任南京市长。1935 年，日本《朝日新闻》访华代表团抵南京，汪精卫令市府官员齐到机场迎接，石瑛以有辱国格愤然辞去市长职。7 月，任考试院铨叙部长。

1937 年 4 月，石瑛再任湖北省建设厅长，协助董必武等创办汤池训练班，培养抗日游击队骨干。次年辞职。1939 年夏，当选为湖北省临时参议会议长，多次保护共产党人。

石瑛以清正廉洁、嫉恶如仇、刚正不阿著称，被誉为“民国第一清官”。有《石蘅青先生言论集》。

1930 年前后

徐育华建造公馆于昙华林崇福山街

徐育华（1880—1952），号幼丹，又名钟英，崇阳县石城镇檀树坳前屋徐家（现黄龙村第二组）人。早年留学日本东京商科大学，毕业回国后任北京大学、武汉大学等校教授，为湖北省银行创建人之一，任副行长，1920—1928 年任中国银行日本神户分行行长。1945 年湖北省银行由恩施迁回武汉，在汉口原址复业。1949 年武汉解放前夕，徐育华积极参加湖北省人民和平运动，后被聘为湖北省政府参事。

徐育华像

徐氏公馆现状

徐育华公馆位于崇福山街 7—9 号，建造于 1930 年前后，总建筑面积 811 平方米，为砖木结构西式楼面，二层，顶带阁楼（原正面前有花园），建筑平面为马蹄形，有过街楼式门厅，前后都有花园，门前有上马石，特别是旁边两层高大楼房有象征当年主人身份的停放洋包车的过道。新中国成立后产权归属省人民银行，1985 年划归省工行，现为工行家属楼和区百货公司住宅楼。

徐源泉建公馆于昙华林

徐源泉公馆位于昙华林 141 号，现存三栋建筑，建造于 1930 年前后。其中甲栋为主楼，是一幢法国别墅式的双层建筑，左右八角形立面，直角门窗框架，门前六步石阶，门厅以两根罗马立柱支撑，柱头上有雕塑繁复的卷叶草花饰。乙栋为中式风格单层建筑。丙栋为中式砖混结构庭堂建筑，半山有琉璃瓦六角亭。三处建筑保护较好，1993 年被评为武汉市优秀历史建筑。

徐源泉（1886—1960），湖北黄冈仓埠镇（今属武汉市新洲区）人。清光绪三十二年（1906），随在武卫左军中任管带的族叔至安徽，入随营学堂学习，后被保送进入两江总督端方创办的将弁学堂，毕业后入南京陆军学堂任见习。武昌起义爆发，清廷唯恐发生如湖北新军那样的变乱，调张勋部队包围学校，搜捕师生中的革命分子。为了保证教职员工的生命安全，校方决定解散师生，令各自作暂且归乡计。徐源泉和一部分同学由江苏返回湖北，时湖北军政府决定招募新兵，扩充起义军力量。徐作为代表列席武昌都督府召开的军政会议，慷慨发言愿为革命效力。会后，徐召集学生军 300 余人，自为队长，连夜渡江到汉口，在大智门火车站与清军展开激烈交战。

辛亥革命后，徐源泉在上海加入光复军陈英士下属的骑兵团，任副团长。后来，骑兵团并入江苏陆军第三师，隶属袁世凯。不久，徐源泉应朋友邀，去新疆任军职，1913 年南归。1914 年入张宗昌军，随之去东北投靠张作霖，为张作霖所器重，任主任参谋，曾率领军队执行解散俄军谢米诺夫部队并收缴其重武器的军事行动。直奉战争起，受命入关参战，历任团长、旅长、师长、军长等职，1926 年被授予将军府克威将军称号。1928 年，蒋介石调四个集团军的兵力向奉系发动进攻，张作霖放弃北京，退回关内。6 月 4 日，发生皇姑屯事件，张作霖被炸死，张学良宣布东北易帜，徐源泉随东北军编入国民革命军，历任第三集团军第六军团总指挥、第十一军军长等职。

1929 年，徐源泉率四十八师驻防湖北，参加中原大会战。1930 年至 1931 年，徐率领所属部队“围剿”湖北共产党洪湖根据地，并镇压共产党在黄安、麻城领导的农民起义。1935 年 4 月，晋升二级上将，11 月当选为国民党中央委员。

徐源泉像

昙华林的徐源泉公馆

抗战时期，徐源泉参加了南京保卫战、武汉保卫战等战役。1942 年后，任重庆国民政府军事参议院上将参议等闲职。抗战胜利后，回到武汉，退出军界，居住在昙华林的公馆内，从事实业，收获颇丰。1949 年赴台，于 1960 年去世。

1930 年

桂质廷执教华中大学

桂质廷（1895—1961），祖籍湖北江夏青山（今武汉市青山区），生于湖北省江陵县沙市镇（今属荆州市）。青年时代就读于上海圣约翰大学。1914 年由清华留美预备学校保送美国留学，获普林斯顿大学物理学博士学位。1925—1927 年任长沙雅礼大学副教授。雅礼大学关闭后，他带着雅礼大学几名希望继续受教育的学生和许多教学仪器，充实了华中大学力量较弱的理学院，也显示了雅礼大学与华中大学事实上的“合作”。由于政治局势不稳，学校处于停顿状态，他便去沈阳东北大学、上海沪江大学任教。1930 年华中大学重建时返回，任华中大学理学院院长。

1931 年，桂质廷在获得美国华盛顿卡内基研究院地磁学部资助后，利用节假日对全国各地进行地磁巡测和研究，在中国是从事该项研究工作的第一人。1932 年 12 月 7 日，胡適到华中大学讲学，演讲后参观学校各处，称赞该校“办理很不错。校长韦君卓民很有气度。教授之中，最好的人才为桂质廷君，他的物理学的部分最有成绩”。1935 年桂质廷应邀赴美卡内基研究院短期工作。1937 年与他的学生宋百廉一道，在华中大学校园内，开始常规的电离层垂直探测。当时正是抗日战争时期，武汉屡遭空袭，工作条件十分困难，他们尽最大努力取得了从

1937 年 10 月至 1938 年 6 月共 9 个月的探测记录。这是中国首次对电离层进行的常规观测研究，引起国际电离层科学界的广泛重视。1939 年受聘于国立武汉大学，先后任理学院院长、物理系系主任。1943 年访美，1945 年回国，1946 年创建武汉大学游离层实验室。他撰成关于 1948 年 5 月 9 日日全食对武昌电离层的影响及有关 SP 电流系的论文，辅导学生撰写《关于 F2 层临界频率受地磁控制而形成赤道异常》的系列论文、通讯，在国内外学术界产生了较大影响。

1951 年，桂质廷参加上海徐家汇天文台电离层观测仪检修，并领导武汉大学有关部门承接复制设备工程，1952 年完成，运送上海投入运转。1955 年被聘为中国地球物理所兼职研究员，确定将“电离层与电传播”作为武汉大学地球物理学科的主要研究方向；领导筹建武昌电离层观测台和武昌地磁台，曾连续作出近三个太阳活动周期的正规记录。

桂质廷在美国亲人甚多，但抗战期间和新中国成立前夕，他多次谢绝移居国外的建议和邀请。不仅如此，他还敦促在美国的长女和女婿回国参加社会主义建设。1960 年，他支持儿子桂希恩到条件艰苦的青海工作。桂希恩在艾滋病防治工作方面作出了特殊贡献，获得 2003 年度预防艾滋病的国际最高奖项——“贝利—马丁奖”，并入选央视“2004 感动中国年度人物”。

桂质廷于 1956 年加入九三学社，任湖北分会副主席，是武汉市第二、三、四届人民代表大会代表，1957 年被中国科学院聘任为中国国家物理研究所学术委员会委员。著作有《地磁及电离层电波传播》等。武汉大学设立有“武汉大学纪念桂质廷教授奖学金”。

蔡广济建公馆于昙华林戈甲营

蔡广济公馆建于1930年，位于武昌昙华林戈甲营94号。“戈甲营”原为明清时代制造和储存兵器的厂房和仓库。该公馆为砖木结构中西合璧建筑，西式楼面，二层，顶带阁楼（原正面前有花园），建筑平面为马蹄形，有过街楼式门厅和前后两院。总建筑面积187.38平方米。该建筑至今仍保持最初结构，为武汉市优秀历史建筑。

清光绪二十八年六月初一日（1902年7月5日），时任湖广总督的张之洞向慈禧太后上省城创办警察奏折，提出成立警察局，并建议从房捐中提取部分款项用于警察事务。奏折很快被批复，武昌警察总局正式成立。这是湖北历史上第一个警察机构，也是中国第一个以警察命名的警察机构。武昌警察总局创立后，形成了相应的警察制度和警察机构。当时的武昌警察总局设四科九局，还设了湖北警察学堂，并派遣留学生赴日本学习警务，而第一任武昌警察总局的局长，由时任武昌知府梁鼎芬兼任。蔡广济是民国时期的警察局长。

1931 年

卞彭执教华中大学

卞彭（1901—1990），江苏扬州人。卞氏数代为官，为书香世家。卞彭 14 岁时入英国教会所办新学书院，后考入清华留美预备学校，因国内战乱延误而退学。后自费出国，入美国白朗大学学习哲学专业，并选修土木工程和物理学。1924 年获哲学学士学位，毕业后考入美国哈佛大学研究生院学习。1926 年因病回国，在东北大学教授物理。

1930 年，卞彭的好友桂质廷到武昌开展恢复华中大学的工作，次年，卞彭由桂质廷介绍来到华中大学，此后，一直在该校执教。

1932 年 8 月，卞彭再入美国麻省理工学院物理系研究生部热电子放射组，三年后，获科学博士学位。求学美国三年，卞彭成为在复光管上面涂萤光粉，利用电子流光电作用将晶体放大来研究晶体面之热电子放射这一方法的第一人，由他首先采用的钨丝圆柱形发射极制作电子放大管，后经多次改进，得到了广泛应用。

1935 年，卞彭再次回到华中大学，先后任物理系副教授、教授，并代理系主任之职，1940 年升任华中大学理学院院长，不久因宗派斗争而辞职。

1945 年，由于原华大校长韦卓民去美国为华大募捐，卞彭出任代理校长。次年韦卓民回国，卞彭卸任代理校长职。在科学研究上，他最早确定了氧化物阴极的脉冲发射和直流发射的一致性。

1949年，卞彭全家移居国外，他独留国内。1951年，华中大学与中原大学合并，成立华中高等师范学校，卞彭任该校教授、教务长兼物理系主任。次年，卸任所兼物理系主任一职。

1964年，卞彭调到南京电子真空研究所任研究员，1965年调入中国科学院电子研究所。

卞彭提出了热阴极的微块模型理论、“同平面三极管理论解”等，具有很高的学术地位，在科学研究上的成就受到肯定，先后担任中国科学院中南物理研究所研究员、中国物理学会理事及武汉分会副理事长、中国电子学会理事及武汉分会副会长、一级研究员和《电子学学刊》主编，1956年加入九三学社，任武汉分社委员，是湖北省第二、三届人大代表、武汉市政协常委。

湖北工学会成立

湖北工学会成立于1931年3月，地址在武昌昙华林华平里3号，以“研究工学，促进工业”为宗旨。发起人与组织者是朱树馨，成立时有会员66人，设执行委员会，以委员7人组成，互选3人为常务委员，分别掌管文书、会计、庶务，朱树馨、陈彰琯、吴均芳被选为常务委员，朱树馨被选为常务主席。该会经费来源于会员会费。曾发行定期刊物，举办学术演讲。

朱树馨（1886—1977），又名朱木君、朱沐军，湖北省京山县坪坝镇人，是湖北近现代史上的一个重要人物，兼革命者、资深校长、著名学者等头衔于一身。

朱树馨曾就读于湖北北路高等小学堂、湖北理化专科学校。1914 年，赴日本留学，在东京浅草高等工业学校攻读机械工程。在日期间，朱树馨曾参加中华革命党。

1912 年，朱树馨执教于湖北省立工业中学校。该校的前身是 1907 年建立的湖北中等工业学堂，最早可追溯至 1898 年的湖北工艺学堂。武昌起义时，学校停办，民国建立后恢复，并易名。

1920 年，朱树馨以湖北省立甲种工业学校教师身份参加教育部留学生考试。先留学英国曼彻斯特工业大学，攻读机械工程专业，后考上法国巴黎大学航空系研究生。学成回国后，先后任上海兵工厂工程师、湖北省建设厅技正兼科长、国民政府军事委员会委员长、南昌行营残废军人工厂厂长。后从事教育。曾任汉口职业学校校长、湖北省立联合中学巴东高级工业职业分校校长。抗战胜利后，朱树馨回到武汉，任职于湖北省建设厅。中华人民共和国成立后，任湖北省文物整理保管委员会研究员、湖北省人民政府文史研究馆馆员等。

在学术上，朱树馨有很高的地位和声望，甚至被称为“湖北省工业界之拓荒者”。他是中国科学社的重要成员，也是中国工程师学会的主要成员，著有《机械工程学》《机械原理》《机械设计和工作机械》。

蒋介石来汉视察水灾

1931 年，湖北发生水灾，洪水淹没了武汉三镇。受灾居民 16 万余户、78 万余人；死亡 1.3 万余人，无食待赈者 23 万余人。7 月 29 日，武泰闸被倒灌的长江水冲溃，武昌城大部被淹没，城中凤凰山上涌入数万灾民，大水淹没至凤凰山麓，贡院门前“惟楚有材”的牌坊也浸泡于水中。文华大学收容灾民 6 000 余人，省立第一中学收容灾民 2 000 余人。8 月 28 日，国民党中央政治委员会主席和军事委员会主席、在江西督师“围剿”中国工农红军的蒋介石来武汉视察水灾，慰问难民。8 月 30 日，蒋介石发表《告被灾同胞书》。9 月 3 日，蒋介石偕同湖北省政府主席何成濬一行，分别乘坐汽车、马车，赴文华大学、湖北省立第一中学、华中大学各难民收容所视察，抚慰灾民。他还登上湖北省立第一

武昌凤凰山上棚居之灾民

1931 年水灾中的江夏县学

中学后面的小山螃蟹岬，观察水势。视察完毕后，蒋介石返回停泊在长江上的永绥舰休息。当时的媒体对此次视察进行了相关报道。

张光年就读于中华大学

张光年（1913—2002），笔名光未然，湖北老河口人。1927 年 3 月加入共产主义青年团，年仅 14 岁。1929 年加入中国共产党。1931 年入中华大学学习，1935 年肄业。1936 年 5 月，创作出著名的抗日诗篇《五月的鲜花》。经音乐家阎述诗谱曲后，很快在全国传唱，此时他年仅 22 岁。同年，他受组织安排赴上海，积极联络上海文艺界人士，组织"中国文艺者战地工作团"，意在以文艺为武器，唤起民众，投身抗日救亡运动。

1937 年"八一三"淞沪战争爆发，张光年回到武汉进行戏剧、歌咏的创作演出活动。此间，他又创作了《赞美新中国》《拓荒歌》等诗作，并与冼星海再度合作，使这些歌曲在全国又得以广泛传唱。1938 年初，国民政府在武汉成立军事委员会政治部第三厅，负责抗战宣传工作。三厅的成员，主要由共产党人和进步的文艺界人士组成，张光年和冼星海也应邀来到第三厅，张光年（当时化名张文光）被安排在第三厅六处一科（戏剧科）担任少校科员，冼星海在六处三科负责音乐工作。同年夏，张光年为总领队，带演剧三队前往西北第二战区，进行抗日宣传活动。1939 年 1 月，张光年带领演剧队继续在黄河壶口一带从事活动时从马上摔下受伤，被送往延安。在延安，张光年创作了脍炙人口的《黄河大合唱》，由冼星海谱曲，后广为传唱。1940 年到重庆，创作了长篇叙事诗《屈原》。1941 年到缅甸，1942 年回到云南。1945 年 10 月离开昆明。

张光年像

1946年经北平进入华北解放区，先后任教于北方大学、华北大学。

新中国成立后，张光年一直在北京，先后任《剧本》《文艺报》主编，曾任中国作协副主席、党组书记，第三、五届全国人大代表，中顾委委员，中共十二大代表，中共十三大至十五大特邀代表。

张光年是著名的诗人、文学评论家、文艺活动家，著有歌词《五月的鲜花》，组诗歌词《黄河大合唱》，论文集《风雨文谈》《青春文谈》《光未然戏剧文选》《江海日记》《向阳日记》《文坛回春纪事》《光未然诗存》和一部诗歌集等。《黄河大合唱》曾在美国、俄国、日本、加拿大、新加坡、菲律宾等多国演出。

私立武昌文华童子军教练员训练学校招生

1931年初，私立武昌文华童子军教练员训练学校在《申报》刊登招生广告称：该校已在“中国童子军司令部立案”。其宗旨为“培植童子军领袖人才以服务党国”；报考资格为高级中学毕业者或者师范或体育学校毕业者以及具有相当之学力者。考试科目有党义、国文、英文、代数、平面三角、平面几何、常识测验、体格测验和口试。每学期每人应缴学费、膳费、宿费及杂费共洋 85 元。一年毕业。校址在武昌昙华林文华学校内。

1932 年

蔡元培到中华大学演讲

1932 年 5 月 13 日是中华大学成立 20 周年纪念日，学校邀请多位名家来校讲学。著名教育家蔡元培亦莅临学校演讲，称赞说：“我们知道陈校长热心教育的精神及惨淡经营的情况，特别佩服。……大学是培

蔡元培

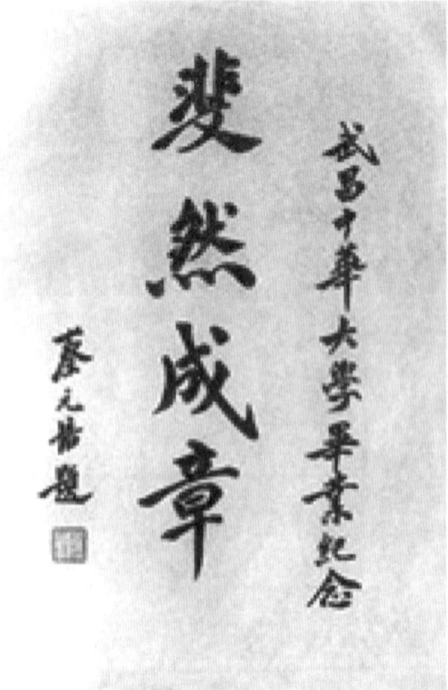

蔡元培为中华大学题词

养人材的，改造社会的责任完全在诸位青年身上，希望大家一起努力，不愧为中华大学的学子，不负陈校长办这所学校的本旨。”

夏斗寅建公馆于昙华林

夏斗寅公馆位于昙华林，原本四栋，为中西合璧建筑群。建筑群一直从昙华林路边到山上，但后来被拆，只剩下半间残房和一座地堡，原本靠近街边的一座门房，在改革开放初期被拆毁。现存的房子为四阿顶式砖木结构，面阔五间，进深三间平房，为武警医院房产。

夏斗寅（1886—1951），湖北麻城人。清光绪三十二年（1906）加入同盟会，入湖北新军。宣统三年（1911）率部参加辛亥革命武昌起义。1913 年一度退役经商。后前往山西投奔同乡、大同镇守使孔庚，任排长、卫队营机枪连连长，后到湖北陆军第一师师长石星川部任职。1917 年，石率部参加护法战争，被湖北督军王占元击败，夏率残部退到湖南，在湘西督办李书城手下任团长。1921 年，湖北发生“驱王运动”，夏率湖北自治军从湖南进入湖北，与湖南军队会攻王占元，结果，王占元被驱逐，但湖北自治军也被直系军阀吴佩孚击败。

1926 年，夏斗寅随唐生智加入国民革命军，任国民革命军鄂军第一师师长，参加北伐。攻克武汉后，任独立第十四师师长兼湖北省政务委员会委员和国民党特别党部执行委员。1927 年 5 月 17 日，夏斗寅在宜昌发动兵变，攻打武汉，为叶挺独立团所击败。夏后又反对唐生智，拥护蒋介石，被任命为第十三军军长，率部参加中原大战和对中国工农红军的“围剿”，受到蒋介石的器重。1932 年，被任命为湖北省主席、陆军上将等职。因在湖北培植势力，被蒋介石猜忌，1933 年，其省主

夏斗寅像

昙华林夏斗寅公馆今貌

席一职被张群取代。1934 年当选为国民党中央执行委员，同年任南昌行营总参议，后任成都行辕总参议。

抗日战争爆发后，夏被任命闲职，在成都闲居。1945 年抗战胜利后，夏斗寅拒绝蒋介石的邀请，退出军界，经营农场及煤矿事业。

1948 年任立法委员，1949 年在武汉参加和平运动，签名迎接解放军进城，任武汉治安委员会委员。1950 年自武汉潜逃至香港，在六国饭店以观星相为业。后病逝于香港。

1934 年

何伟毕业于中华大学附中

何伟像

何伟（1910—1973），原名霍恒德，河南汝阳县（今汝南）人，1934 年毕业于华中大学附中。在校期间，阅读进步书刊，秘密组织读书会，研究马列主义。1935 年开始从事抗日救亡活动。1936 年在天津加入中国共产党，改名何伟。1936 年至 1938 年 10 月历任全国救国会执行委员，中共武汉临时工委负责人，湖北省委委员、宣传部长。

1939 年 1 月任鄂豫皖区党委常委、组织部长。1941 年 1 月至 1943 年 8 月任新四军无为地区江北游击纵队军政委员会书记，新四军第四支队政治部主任，新四军第七师政治部主任，皖中区党委书记。1945 年 4 月参加中共七大，为候补代表。

解放战争时期，先后任哈尔滨市委书记、牡丹江省委书记兼军区政委、东北野战军铁道纵队党委副书记兼政治部主任、第四野战军政治部民运部长、武汉军管会秘书长等职。

中华人民共和国成立后，曾任广西省委副书记兼桂北区党委书记，广西政协副主席，中南局常务委员，华南分局常委、纪委书记，广州市委第一书记、市长，外交部长助理、机关党委书记，驻越南大使兼驻老挝经济文化代表团团长，河南省委第二书记，教育部长、党组书记等职。

1935 年

两湖监察使署在候补街建立

1935 年 6 月 12 日，两湖监察使署在昙华林候补街 26 号建立，高一涵任两湖监察使。使署下设秘书室和第一、二科，任命谢芸皋为秘书。两湖监察使署隶属于国民政府监察院。南京国民政府实行五权分立，监察院是五院之一。1933 年，监察院把全国划分为 14 个监察区，各区派监察委员担任监察使。两湖监察区即为 14 个监察区之一。

两湖监察使署成立之后，颁布巡回视察规程，并召开新闻发布会，通报使署职责。规程共九条，规定两湖监察使署的职掌和机构设置。根据规定，使署在所辖监察区内，有巡视人民疾苦、官吏得失的权力，可以对辖区各机关查询、调查档案，对百姓冤情进行调查，并对违法或失职官吏提出弹劾，甚至要求主管机关进行处理，此外，还有纠举权、建议权等。规程还规定，两湖监察使及其部属不得接受地方供应和馈赠。

高一涵（1885—1968），原名高水浩，别名涵庐、梦弼等，安徽六安人。1912 年，自费留学日本。回国后，任北京大学编译委员，兼中国大学、法政专门学校教授。1925 年加入中国国民党。1926 年，高一涵赴武昌途中于上海加入中国共产党，先后担任武昌中山大学教授、政治系主任、法科委员会主任兼国民革命军总政治部编译委员会主任，国民党安徽省党部执行委员兼宣传部长等职。1927 年脱离共产党，先后任法政

高一涵像

大学教授、政治系主任和吴淞中国公学大学部社会科学院院长、国民政府监察院委员、两湖监察使、甘宁青监察使、国民大会代表等职。

中华人民共和国成立后，历任南京大学教授、政治系主任、法学院院长，南京市监察委员，江苏省司法厅长，江苏省政协副主席等职。1950年，加入中国民主同盟，任民盟江苏省副主任、民盟中央委员、全国政协委员等职。1968年逝世。著作有《政治学纲要》《欧洲政治思想史》《中国御史制度的沿革》等，译著有《杜威的实用主义》《杜威哲学》等，诗集有《金城集》。

华中大学经营华中村

湖北美术学院内的华中村，原是北伐战争后拆武昌城墙而形成的

华中村路牌

朴园

一块官地。1934 年，华中大学董事会决定利用雅礼会提供的资金扩建校舍，并同意在文华大学附近购地建房。1935 年，华中大学申请到美国返回的庚子赔款 4 万元，并得到校友、政府、中国基金会和各方面捐助，办学条件大为改善。4 月，华中大学校长韦卓民由美返校，实施扩大校园计划，并在附近购买土地，兴建教授公寓。这块地上相邻生长着两棵大树，一株为朴树，一株为榆树，它们枝繁叶茂、郁郁葱葱，在周围的杂草丛林中格外显眼，于是决策者和建设者们决定依树筑房，让大树在夏天能挡住部分阳光。次年便建了朴园、榆园等建筑。这就是“华中村”的来历。

朴园最先入住的是一位在校任教的美国人。抗日战争期间，这里一度成为日军的宪兵司令部，朴园房内也改成了推拉式门廊。1946 年秋，钱基博受韦卓民校长之邀，前来华中大学文学院任教，此后一直居住在朴园教书治学，直至 1957 年底去世，朴园也因此得名“钱基博旧居”。

钱基博（1887—1957），著名学者钱锺书之父，江苏无锡人。早年参加辛亥革命，任锡金军政分府秘书。后在无锡、吴江等地从事教育、文化工作。1923 年后历任上海圣约翰大学国文教授、清华大学国文教授、南京中央大学（1949 年改名为南京大学）中国语文学系教授、

钱基博与钱锺书像

无锡国学专修学校校务主任、光华大学中国文学系主任及文学院院长等职。

1937 年抗日战争全面爆发，钱基博历任浙江大学中文系教授、湖南蓝田国立师范学院（今湖南师范大学）国文系主任、南岳抗日干部训练班教员。1946 年抗战胜利后，任华中大学教授。

钱基博是民国时期著名的古文学家、文史专家和教育家。新中国成立后，他将 5 万余册藏书全部赠给华中大学。1952 年，他又把历年收藏的甲骨、铜玉、陶瓷、历代货币、书画等文物 200 余件，捐赠给华中师范学院（今华中师范大学）历史博物馆。此外，尚有碑帖、字画 1 000 余件，方志 1 000 余种，悉数赠予苏南文物管理委员会和江苏泰伯文献馆。

卢春荣建梅园于云架桥

卢春荣住宅又名梅园，位于昙华林云架桥，建造于1935年，为中西合璧砖木结构二层建筑。大门内原为花园，现不存，仅剩正房和偏房，砖砌石基。宅地原为美国基督教圣公会地方，后批给文华中学建房，该宅原为卢春荣住宅，现为卢氏外孙私宅。抗日战争初期，老舍来汉时曾居住于此。

卢春荣旧居

卢春荣，湖北武昌人，文华书院毕业后留校任职，后赴美国留学，毕业于哥伦比亚大学师范学院，获硕士学位，终身服务于文华中学。文华中学开办于清末，位于昙华林，是中国最早的现代中学之一。在爱国运动、革命运动中，学校涌现了一批爱国者和革命家。辛亥革命前夕，在文华中学教员、著名反清革命团体日知会领袖刘静庵先生影响下，周苍柏等数十人加入革命党。卢春荣曾参加过辛亥革命，是日知会、中国同盟会成员。“五四”时期，积极支持师生们走上街头参加反帝爱国运动。后任该校早期校长达10余年（1927—1938），在校长任内重视教学，扩充校舍，并建立了初中部。1929年，该校被批准为“私立武昌文华中学校”，改变了教会学校的身份。1938年，卢春荣辞去校长职务。该建筑是他任教时的住所，也是见证武昌中等教育发展轨迹和文华中学办校历史的实物建筑之一。

华中大学等校学生声援“一二·九”运动

1935年，日本策划所谓“华北自治运动”，收买汉奸，唆使其脱离中国政府，在日本卵翼下实行“独立”。“华北事变”是日本侵略中国、称霸世界的一个重要步骤，遭到中国人民的坚决反对。12月9日，北平各大中学学生掀起“一二·九”爱国运动，推动了抗日救亡运动的高涨。北平学生的爱国运动遭到了国民党北平当局的镇压，激起全国人民的愤慨，声援北平学生的运动迅速弥漫全国。

在此背景下，12月10日，华中大学学生会致电国民政府和北平军分会代理委员长何应钦，严正指出：近闻平津一带，有类似自治团体之组织，请竭力遏制，维护领土主权之完整。

12月12日，武汉中等以上学校以华北局势日益严重，救亡图存匹夫有责，在华中大学举行联席会议，参加会议的代表100余人，代表武汉大中学校40余所。其中，位于昙华林的学校就有武昌中学、文华中学、文华图书馆学专科学校、华中大学等。会议由华中大学代表谭安琪主持。谭安琪报告会议宗旨，接着讨论办法，通过了三个议案：第一，以武汉中等以上学校学生名义致电政府和各方面，表明反对华北自治、维护国家主权、支持北平学生的严正立场。第二，以上电文推华中大学、武汉大学、教育学院代表起草。第三，一切事宜，暂推武汉大学、武汉市第一女中、华中大学负责。会议结束后，由华中大学学生自治会函告在汉各校，要求采取一致行动。

12月17日，50余所学校在华中大学召开第二次联席会议，成立武汉中等以上学校全体学生救国联合会，通过组织章程，选举联合会组成人员，并决定会后举行三镇全体学生游行大会。

武汉学生声援“一二·九”运动的游行集会

20 日，武汉 70 多所学校学生举行大规模爱国示威游行。武昌学生拟乘轮渡过江至汉口日本租界示威，但当局下令封江、停止轮渡营运。

23 日，武汉三镇万余学生在汉口举行市民大会和游行示威，要求国民政府坚持不丧权。

24 日，武汉大学教职员救国会成立，支持北平学生抗日救亡运动。

30 日，武汉 40 余所学校学生举行总罢课，抗议保安队镇压爱国学生运动。

次年 4 月 8 日，学生救国联合会被国民党湖北省政府责令解散。

1936 年

中国教育学会召开第三届年会

1936 年 2 月 1 日至 3 日，中国教育学会第三届年会在中华大学校友会举行，黄炎培、江问渔等 200 余人出席。湖北党政要人何成濬、李书城、程其保等到会致辞。大会历时 3 天，接受提案 40 余件。

中国教育学会于 1932 年冬在上海成立，以研究和改进教育为宗旨，总会设在南京，各地设有分会。出版了《中国教育改造》《师资训练》《生产教育》等学术刊物。此时会员已发展至 400 余人。新中国成立前，已召开九届年会，1949 年解散。

居正赴中华大学演讲

1936 年 3 月 27 日，国民党元老、国民政府司法院院长居正回鄂，湖北省党部和汉口市、平汉铁路、粤汉铁路、警备旅、保安处等六党部设午宴欢迎。下午，居正应邀赴中华大学演讲，其演讲题目是《青年救国之途径》。他鼓励青年爱国，据报道，“听者极为动容”。讲毕即赴广济旅省同乡会访友。晚上由杨永泰设宴招待。

居正（1876—1951），原名之骏，字觉生，号梅川，别号梅川居士，

居正像

湖北广济（今武穴市）人。民国时期“广济五杰”之一，中国当代著名民主革命家、政治家、军事家、法学家。年轻时赴日学习，加入中国同盟会，参与组织共进会，是辛亥革命武昌起义指挥者之一、辛亥革命元勋。后任南京临时政府内政部次长、南京国民政府司法院院长等职。著有《辛亥亲历记》《为什么要重建中国法系》《辛亥札记》等书。

何成濬参加中华大学纪念周并演讲

1925 年孙中山逝世后，国民党方面规定每星期举行“总理纪念周”一次，除纪念孙中山的仪式外，还请官员、学者等演讲。

1936 年 5 月 11 日上午，时任武汉行营副主任何成濬出席中华大学总理纪念周活动，并发表演讲，讲题为《为学与做人》，勉励学生应以

何成濬像

清初学者颜习斋的求学精神为模范，如此方能求得实学，成为达人，负起救国重任。

何成濬系湖北随州人，早年就读于武昌经心书院、东京振武学堂、日本陆军士官学校，曾任国民党第一届中央执委、陆军二级上将，亦曾任湖北省政府主席，被称为“湖北王”。

何成濬在演讲中所提到的颜习斋是何许人？

颜元（字习斋）是明末清初人。青年时家道中落后，“耕田灌园，劳苦淬砺”。阅《资治通鉴》废寝忘食，以博古今、晓兴废邪正为己任，“农圃忧劳中必日静坐五六次，必读讲《近思录》《太极图》《西铭》等书”。梁启超称其“生于穷乡，育于异姓，饱更忧患，坚苦卓绝”。颜元一生以匡时济世为己任，终成著名思想家、教育家，并创立“颜李学派”。

1937 年

抗战教育研究会成立

1937 年 11 月 24 日，抗战教育研究会在中华大学成立，百余人出席，推选理事长孔庚、副理事长陈时，理事 11 人。《战时教育》旬刊由上海迁到武汉作为其会刊。《战时教育》原名《生活教育》，著名教育家陶行知主编，抗战时改名。12 月 1 日，《战时教育》杂志社、抗战教育研究会、《民族战线》杂志社等，在汉口召开抗战教育座谈会，讨论通过了一个抗战教育方案。沈钧儒、孔庚、张光年、陈时、李公朴等 50 余人出席。

在中共党组织的领导下，抗战教育研究会团结文化教育界人士，举办游击训练班，掩护湖北省委纱厂工人工作委员会，并于 1938 年 2 月在武汉发起成立全国战时教育协会。

1938 年

花园山天主堂举行大弥撒追悼抗日阵亡将士

1938 年 1 月 5 日，汉口《大公报》报道：武昌天主堂鉴于我国此次抗战前线将士以血肉之躯，抗拒暴敌，五月来前仆后继，予敌以重创，特于 1 月 4 日上午九时，在花园山本堂举行大弥撒，追悼阵亡将士。由张茂先大司铎主礼，计到军政代表二十余人，华籍司铎五人，外籍教士十余人，教民及来宾千余人。主礼人衣黑色祭服，虔诚诵经，超度亡灵。一切仪式，备极隆重，祭时伴以明德辅司铎率领唱经队歌唱祭乐，哀声上彻天听。祭堂布置严肃，充满悲壮静穆之气，典礼直至十一时始告完毕。

《战时青年》等抗战刊物在昙华林地区创刊

1938 年 1 月 10 日，中华民族解放先锋队队刊《战时青年》（月刊）创刊，出版者《战时青年》社，编辑兼发行人何仲觉，社址在武昌胭脂巷 22 号；总代售读书生活出版社，汉口交通路 31 号；印刷者永新印刷所，汉口府东四路 28 号。武汉沦陷后刊物停刊。1939 年 7 月 10 日在重庆复刊。《战时青年》创刊号刊登了周恩来于 1937 年 12 月 31 日在武汉大学发表的演讲——《现阶段青年运动的性质与任务》。

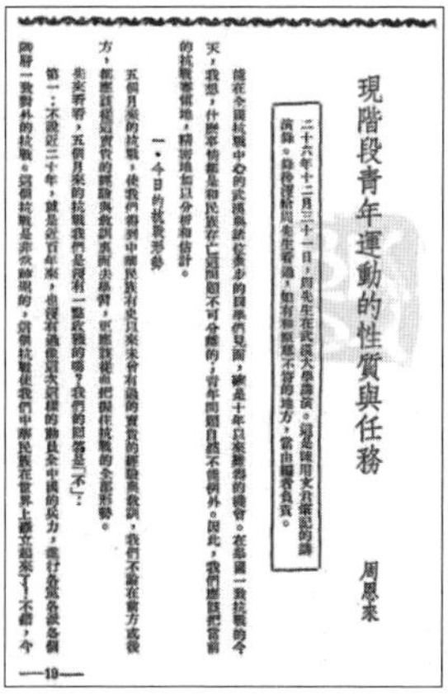
現階段青年運動的性質與任務

周恩來

一、今日的抗戰形勢

—19—

《战时青年》书影

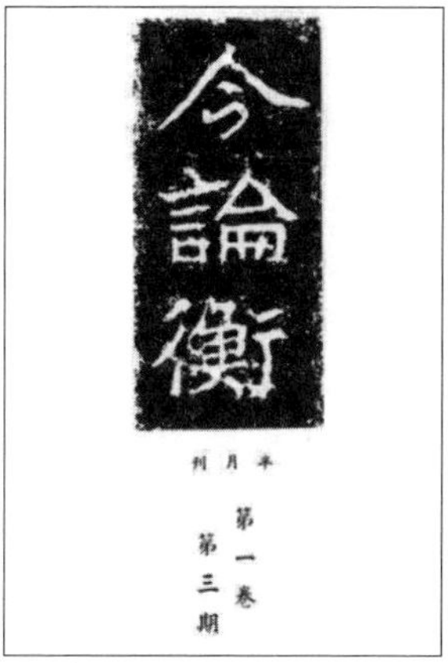

《今论衡》书影

1 月 15 日，青年救国团主办的《新青年》旬刊在武昌三道街 39 号创刊。

4 月 15 日，科学教育社主编的《今论衡》半月刊创刊，社址在武昌云架桥 21 号。总批发处正中书局杂志推广所，汉口花楼街 16 号。武汉沦陷后迁往重庆。《今论衡旨趣（代发刊词）》引汉代王充《论衡·自纪篇》中的两句话作为该刊的言论态度：“论贵是而不务华，事尚然而不高合。”还介绍了该刊的文字内容：甲、提倡科学的思想；乙、提倡教育之科学的改造；丙、提倡集体的与理智的生活态度；丁、提倡为国服务的精神；戊、对国家实际问题作建设的讨论；己、研究抗战期间精神总动员之方法，以发扬民族复兴之自信心。

日机轰炸昙华林天主堂

1938 年 4 月 29 日，日机轰炸武汉，昙华林天主堂被日机投弹击中。

敌机空袭后，湖北后援会主席喻育之当即派救护团长邓泽藻率救护队驰往被敌机投弹之昙华林天主堂救护，因未伤人，复往武胜门外三层楼铁道孔施以救济。

武汉宗教界在天主堂举行母亲节庆祝大会

1938 年 5 月 8 日是西方母亲节。为安慰抗敌将士之母亲，武汉宗教界在花园山天主教堂举行特别庆祝典礼——弥撒大典，宋美龄致《母亲节献词》一文。献词说：近一月中，前线将士英勇杀敌，将士慈母勖子报国，无负初志，无上光荣。抗战以来，人民牺牲空前未有，民族遭劫空前未有。举国慈母身受战祸，目睹子女颠沛流离，痛苦莫名。我国自古重视母教，贤母教子，若荆轲、岳飞、欧阳修等，皆成千古先哲与名将。当今不乏具有报国热情的贤母，尤以赵母为典型。中国母性之伟大，遍于全国，凡是中国人民的母亲，无不具有此优点。在母亲节之际，特提议：感谢母亲，纪念母亲，报答母亲，英勇杀敌，无令母亲蒙羞。宋美龄所赞扬的赵母，是赵洪文国（1881—1950），她是辽宁岫岩县汉军旗人、抗日民族英雄，被誉为“游击队之母”“民族之母”，在其支持和协助下，二子赵连秀、三子赵侗、女儿赵理智，均积极投身抗日救亡运动。

参加母亲节弥撒大典的教会人士千余人。5 月 7 日晚，明德辅主教曾发表广播演讲，并撰写《抗战与母亲》一文，歌颂母亲，号召打倒日本帝国主义，解救母亲于苦难之中。

张伯苓到中华大学演讲

张伯苓（1876—1951），名寿春，以字行，天津人。中国现代职业教育家，私立南开系列学校创办者，先后创办南开中学、南开大学、南开女中、南开小学和重庆南开中学，接办四川自贡蜀光中学，形成了著名的南开教育体系，为国家培养了包括周恩来在内的大批人才，被尊为“中国现代教育的一位创造者”。他在中国最早倡导奥林匹克运动，被誉为“中国奥运第一人”。1924 年第三届全国运动会在武昌举行，他是筹备委员会副会长，并兼任总裁判长。

1938 年 5 月，张伯苓为重庆南开中学筹款事来到武汉。在南开中学时比周恩来低一班的吴国桢时任汉口市长。周恩来作为中共中央代表团和中共长江局负责人，出任国民政府军事委员会政治部副部长，也常驻武汉。张伯苓到武汉后，南开校友奔走相告，他们集合了 108 名校友

张伯苓像

吴国桢像

在汉口金城银行二楼欢迎张校长。周恩来偕邓颖超与刘清扬联袂而至。

据吴先铭回忆，张伯苓在武汉时，曾应中华大学校长陈时邀请到中华大学演讲《教育学与体育学》，吴国桢亲自陪同。陈时致欢迎词表示：“‘中华’愿在南开带领下，跟着南开前进。”张伯苓在演讲中说：“我和陈校长相比，自愧不如。办南开，我只是出了点力；陈校长办中华，既出力，又出钱。我在北方，经常想到华中，想到华中，就想到‘中华’。中华大学有恽代英，南开大学有周恩来，这都是杰出的人才，是我们两校的光荣！我们两校有许多共同点，正如陈校长所说，中华、南开是亲如姊妹。”接着，他又说到给周恩来写信的情况：“最近，我乘船过三峡，过滩时，船上和坡上的人同心协力动手绞滩，平安渡过险关。我有感于此，回来写信给周恩来同学，我说国共两党只有同舟共济，协同努力，战胜恶浪，才能冲破难关，获得胜利。”

国民政府军事委员会政治部第三厅在昙华林成立

1937 年 12 月南京陷落后，国民政府西迁重庆途中到达武汉，武汉成为战时临时首都。国民政府军事委员会政治部第三厅成立于 1938 年 4 月 1 日，郭沫若任厅长，无党派人士、武汉大学教授范寿康为副厅长。其职责是进行抗日宣传，包括一般宣传工作、艺术宣传工作、对敌宣传工作。第三厅下设五处、六处、七处，分别执掌三项宣传工作。每处设三科。第三厅附设抗敌演剧社 10 个、抗敌宣传队 4 个、电影放映队 3 个、漫画宣传队 1 个，另有新安旅行团、孩子剧团、战地文化服务处。8 月 1 日，第三厅领导的 10 个抗敌演剧队在昙华林召开了成立大会。

第三厅旧址位于昙华林武汉市第十四中学校园内，系民国初年学校

第三厅旧址（前为郭沫若塑像）

建筑，原址为湖广总督林则徐兴建的丰备仓遗址。清光绪末年，张之洞先后在此地创办东路高等小学堂和第二文普通中学堂，是湖北最早按近代教育学制设置的公立学校。1912 年更名为湖北省城第一中学堂。第三厅当时的用房大多已毁，仅存砖木结构二层楼房一幢，为当年工作人员住房。房屋坐北朝南，背后紧靠螃蟹岬，占地约 160.46 平方米。第三厅属政治部副部长周恩来直接领导，曾在此荟萃了文化界精英 300 多人，包括阳翰笙、胡愈之、田汉、洪深、徐悲鸿、冼星海等一大批国内文化艺术界的名流。

第三厅的主要工作是动员民众、对抗日军队的宣传与慰劳、对敌宣传、国际宣传。1938 年 4 月至 1939 年，第三厅为发动人民群众抗日救亡，在此组织了一系列大规模的抗日宣传活动，其中以抗战周年发起的“七七”献金运动最为著名，见证了国共合作、团结抗战的历史。

郭沫若在昙华林领导抗战文化运动

郭沫若（1892—1978），四川乐山人。少年曾就读于成都石室中学。1914年留学日本，入九州帝国大学习医。1921年发表第一本新诗集《女神》，成为中国新诗的重要奠基人之一；同年又与郁达夫等人一同创立上海文学学社“创造社”，是新文化运动的重要旗手。1922年3月15日，《创造》季刊问世。1926年至1927年任国立武昌中山大学筹备委员会委员。1927年就任蒋介石总司令指挥下的北伐军总政治部副主任。蒋介石发动“四一二”政变前夕，郭沫若发表声讨蒋介石的檄文《请看今日之蒋介石》，号召全国军民起来反蒋，名声大振。不久参加“八一”南昌起义，加入中国共产党。因遭国民党通缉，1928年2月赴日本避难。

在日期间，郭沫若开始研究甲骨文、金文，撰写了《中国古代社会研究》，通过引用当时的历史文献资料与马克思主义关于人类社会发展规律的论断，证明中国同样经历过原始社会、奴隶社会与封建社会。郭沫若由此在中国开创了唯物史观派，该学派在此后占据了中国学术界的主流地位。

抗战全面爆发后郭沫若回国，任国民政府军事委员会政治部第三厅厅长，直接受政治部副主任周恩来领导。第三厅位于昙华林，郭沫若在此工作和生活。1938年4月7日至13日，第三厅在武汉等地举行了抗日扩大宣传周活动，声势浩大。1938年7月7日至11日，第三厅发起“七七”献金活动，参加献金者达百万人次，献金总额达近百万元。

郭沫若在《洪波曲——抗日战争回忆录》中提出了长期未能定论的“郭氏之问”——昙华林的名字是否与佛教有关？在《洪波曲》中，郭沫若提到了昙华林名字的来历，估计与佛教有关：“昙花林在武昌城内

郭沫若像

郭沫若抗战演讲

的西北隅，在文华大学的对面。地方很宽大，但建筑都很旧，涂上的红漆都已经快泛黑了。照名称看来，以前大约是什么佛教的建筑吧？这一段古我却没有工夫考过。”2013 年，郭沫若的疑问被严昌洪考证出来。严昌洪根据清同治三年（1864）黄冈人刘溱撰写的《重游昙花林小记》一文，认为昙花林原本是一座佛寺。该文开头就是：“昙花林者，鄂城祇园之别构也。”“鄂城”就是武昌，“祇园”是佛寺的代称，“祇园之别构”就是指佛寺的一种建筑。于是，多年来有关昙华林名称来历的困惑迎刃而解。

年底，郭沫若与第三厅从武汉撤退到重庆。他在抗战时期还创作了包括《屈原》在内的大量话剧剧本，鼓舞民心士气。

1948 年国共内战期间，郭沫若因考古学和甲骨文研究的巨大成就而被当选为第一届中央研究院院士。

新中国成立后，历任中央人民政府委员，政务院副总理兼文化教育委员会主任，全国人民代表大会常务委员会副委员长，中国科学院院长、哲学社会科学部主任、历史研究所第一所所长，中国人民保卫世界和平委员会主席，中日友好协会名誉会长，中国科学技术大学校长，中国文联主席等要职，并当选为中国共产党第九、十、十一届中央委员，第二、三、五届全国政协副主席。

第三厅发起第二期抗战扩大宣传周活动

抗战时期，国民政府曾迁往武汉。1938 年 4 月 1 日，国民政府军事委员会政治部在昙华林建立第三厅，领导抗战文化工作。其间，第三厅发起了第二期抗战扩大宣传周活动，动员军民投身于伟大的抗日战争

第三厅组织的“保卫大武汉”游行

之中。活动开始时，周恩来为《新华日报》撰写了专论《怎样进行二期抗战宣传周工作》，对活动进行指导，也为活动进行动员。周恩来要求：这次武汉抗战宣传周，应当成为全国抗战宣传的开始。武汉宣传动员的成绩，将成为全国宣传动员的模范。我们要努力于武汉抗战宣传，以达到全国抗战宣传的成功！

在第三厅领导下，武汉各界特别是文化人士投入“保卫大武汉”的斗争中。

第二期抗战扩大宣传周从 4 月 7 日到 13 日，每天都有一个重点的宣传方式，依次为文字宣传、口头宣传、歌咏宣传、美术宣传、戏剧宣传、电影宣传、游行宣传。除面向军民外，还有国际对敌宣传。除开展宣传外，还组织慰劳伤兵等活动。各项活动开展得有声有色、如火如荼。例如 7 日的文字宣传，政治部发放通俗唱本、歌词唱本各 1 万份，特刊 5 万份，发行《告将士书》《告同胞书》《告战区民众书》《告伪军书》《告日本民众书》等传单各 1 万份。参加宣传周活动的各个团体至少出版壁报一种。这些资料不仅散发到武汉军民手上，而且寄发到各战区和各地。7 日，台儿庄大捷消息传到武汉，各机关、团体、学校、商店等挂国旗庆贺。武汉举行了 5 万人的火炬游行。第五天是戏剧日，武汉有 12 家戏院举办“抗敌剧总动员”，各家戏院演出日夜两场。除话剧外，戏曲包括京剧、汉剧、楚剧、杂剧等，在新市场、凌霄、长乐、明记、维多利亚纪念堂、天声、美成、共和、满春、天仙、汉兴、粤汉等剧院演出，还在汉口、武昌两地的主要广场、街头演出。其中演出京剧的有 5 家剧院，由厉家班、山东省立剧院和黄桂秋、安舒元、吴天中等分别演出《岳飞》《梁红玉》《卧薪尝胆》《木兰从军》《万里长城》等剧，还有《拾金献国》《杀妻犒军》等折子戏。民众乐园还演出了京剧连台本戏《民族英雄朱洪武》。又如在 13 日的游行宣传日，第三厅组织武汉市民举行游行，并组织戏剧、美术团体举行化装游行，游行人员达数十万人。

第二期抗战扩大宣传周极大地调动了武汉军民和全国人民的抗战积极性。在宣传周期间，武汉市各药房捐急救包10万件，商界和市民也积极捐款，支持抗战。在随后不久第三厅发动的“七七”献金活动中，武汉市民捐款近百万元。这一系列的活动，为支持抗日战场、夺取抗战胜利作出了巨大贡献。

武汉卫戍总司令部政治部成立

1938年6月20日，经过蒋介石批准，武汉卫戍总司令部政治部在位于昙华林的武昌中学（今武汉市第十四中学）内成立。国民党中央组织部军队党务处处长贺衷寒兼任政治部主任，胡越为副主任，自成立起便开始办公。武汉卫戍总司令部政治部成立的目的，是统一武汉卫戍区民众运动工作，加强各卫戍部队政治教育。

贺衷寒（1900—1972），湖南岳阳人，毕业于黄埔军校第一期，与蒋先云、陈赓并称为“黄埔三杰”，曾筹组“孙文主义学会”并担任黄埔同学会书记长，后任军事委员会政治训练处中将处长，长期主掌国民政府情报系统，被称为复兴社“四大台柱”之一。1937年9月16日从欧洲回国，卸任驻德国大使馆武官一职。抗战时期，任国民政府军事委员会政治部第一厅厅长，不久，兼任国民党中央党务委员会委员、训练委员会委员，中央组织部军队党务处处长。

在动员民众方面，武汉卫戍总司令部政治部开展了一些工作。8月3日曾发表文告，劝导武汉百姓疏散。8月11日颁布《武汉区民众战时工作队组织实施细则》，鼓励民众团体组织战时工作队，规定其组织原则。8 月 25 日颁布《武汉民众临时战地工作队组织办法》，规定其编制、待遇、集合的时间地点等。上述措施，为动员民众、组织民众抗战，起到了一定作用。

但是，武汉卫戍总司令部政治部对进步的爱国救亡运动组织也进行了压制与打击，7 月，武汉卫戍总司令部政治部决定整顿民众团体，规定：凡名不符实之组织，一律解散。8 月，中国共产党领导的中华民族解放先锋队、青年救国团、蚁社等遭其取缔，暴露了其反共反人民的性质，遭到各团体的反对，《新华日报》也发表了抗议书。

第三厅领导“七七”献金活动

“七七”献金活动是国民政府军事委员会政治部第三厅策划、举办的号召民众捐款、支持抗战的群众运动。1938 年 6 月，中共领导的第三厅决定举办“七七”事变一周年纪念。厅长郭沫若草拟了“七七”周年纪念方案，主张进行“七七”献金活动。

“七七”献金活动场景

活动计划3天,7月7日至9日，时间自上午9时至下午6时。然而到了第三天晚上7点，献金的人还是潮水似的涌来，这样就决议自10日到11日，继续延长2天。在三镇共设有6座献金台，另设1座流动献金台。7月7日上午，摩肩接踵的人群就把献金台围得水泄不通。在每座献金台，原安排8个工作人员登记。由于忙不过来，增加到30余人。在献金过程中，各界民众纷纷踊跃参加，献金的有国共两党及其他党派负责人、社会贤达、国际友人，更有广大的普通群众。国民政府主席林森献出重达17两的金鼎1座、金戒指4枚；蒋介石派代表替他和宋美龄献金1.8万元；国民党中央党部献金2.3万元；毛泽东等7位中共参政员献出7月份薪金共2450元；周恩来捐出他任政治部副部长的1月薪金240元。献金中大量的是工人、农民、人力车夫、店员、小贩甚至乞丐等，他们献的钱虽少，但聚沙成塔。7月8日，汉口水塔献金台前出现了壮观一幕：600多位人力车夫一起赶来，逐个献出他们当天的血汗钱。因民众爱国热情炽烈，第三厅增设流动献金台10座，参加献金者达百万人次，献金总额近百万元。西安、兰州、汕头以及海外的侨胞也有巨量的献金汇来。“七七”献金活动极大地调动了全国军民抗战的热情，体现了中华民族空前的凝聚力。

华中大学等校西迁

随着抗战全面爆发，淞沪会战打响，中国东部、北部、南部的政府机构、工厂、学校纷纷西迁。华中大学、中华大学、文华图书馆学专科学校也决定西迁，中华大学最初决定迁往宜昌，华中大学决定迁往桂林，文华图书馆学专科学校决定迁往重庆。1938年春夏，中华大学、

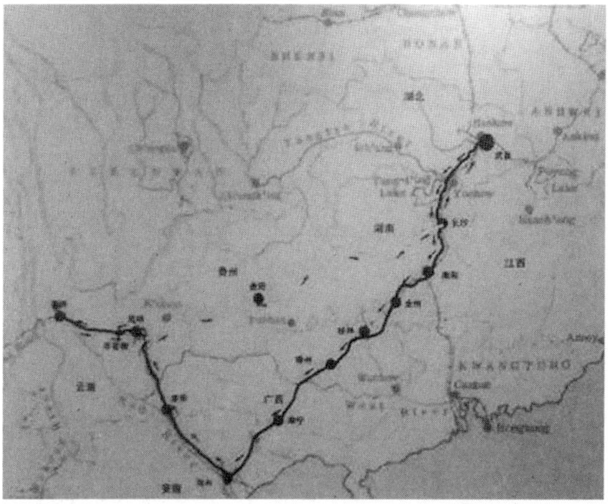

华中大学西迁路线图

华中大学分别在上述地方寻找合适的办学地点。

1938 年秋，中华大学迁往宜昌。1939 年 3 月初，中华大学开学仅三周，就由宜昌改迁重庆，在重庆南岸找到办学地方。学校因陋就简，极其简朴。虽然学校面临着日机轰炸，生活艰苦，但依然坚持办学，苦苦支撑。1945 年 8 月，日本投降，中华大学部分师生开始返回，9 月抵达武汉。1946 年全部迁回武汉，开办文学院、理学院、商学院。

1938 年 6 月底，华中大学已有部分教员抵达桂林。7 月 10 日，华中大学主体西迁。桂质廷博士负责迁校，历时月余抵达桂林。9 月下旬学校开学，有学生 130 人。因遭日机轰炸，又迁往云南大理喜洲古镇。1939 年 5 月开学时，学生人数 100 人，暑假后，人数逐渐增多。由于地处偏僻，学校条件较为艰苦，但学校克服困难，努力办学，设有文学院、理学院、教育学院。1946 年 4 月，学校在云南大理的办学结束，分两批离开喜洲，迁回武汉。

1938 年底，文华图书馆学专科学校迁至重庆，在曾家岩求精中学校园上课。1941 年，校园遭日机炸毁，学校被迫搬到嘉陵江北岸的廖家花园上课。学校开设图书馆学与档案管理两个专业。1946 年 5 月，学校迁回武汉昙华林。

昙华林再遭日机轰炸

据 1938 年 8 月 13 日媒体报道：8 月 11 日，日寇飞机 63 架对武汉进行野蛮的轰炸，汉口、武昌在轰炸中死伤至少 600 余人。武昌昙华林也遭到轰炸，4 颗炸弹击中华中大学校园，6 颗投于学校附近。结果，该校童子军总部、学生宿舍中弹，损失惨重。此前的 4 月底，花园山天主教堂遭到日寇飞机的轰炸。7 月 12 日，位于昙华林的双柏庙遭到日机轰炸。

郭沫若在《洪波曲——抗日战争回忆录》关于“昙花林”一节记述了昙华林遭日机轰炸的情形：

> 这个僻静的地方，不久便成了敌人轰炸的目标，当敌机空袭的时候，往往在周围投弹，也引起过不少的牺牲。
>
> 对面的文华大学是教会学校。因为隔得太近，怕遭殃，便在每座房顶上画出一面大花旗，作为保护。当时日寇的空袭并不厉害，一切防空设备都有点近于儿戏。昙花林里面，政治部本部也为我们留下了些防空室，是在空地中像坟墓那样用红砖砌成的。那只可避免一些破片的波及而已。
>
> 因此每到有空袭的时候，很多人不肯进防空室，随意在树下或者房屋里躲避一下了事。但也有极少数的人跑文

华大学的，胆大者便讥刺为“跑租界”。

不幸的是有一位“跑租界”的却遭了殃。有一次文华大学的一座大教室当头中弹，好些人被炸死，其中有我们一位接近国民党的高级科员。

还有一次，是附近城外的一株柳树中弹。树下正躲避着几位公务人员，全被炸死。我曾经去看过。有两位的脑髓震飞了，只剩下个空壳。那个炸弹的目标当然也就是昙花林。这些人的生命真是有点类似“昙花”，但昙花林本身却是命长，敌弹一次也没有命中过。

1946 年

中华大学附中解散

据 1946 年 11 月 4 日《华中日报》报道：私立武昌中华大学最近发生学潮。该校董事长何成濬特为此事件于 11 月 3 日在青年会举行记者招待会，各报社社长、编辑、记者 40 余人到场。何成濬首先代表该校董事会报告该校自创办以来的简史，并就此次事件之大概经过及日前该校学生被附中学生殴辱之情形约略报告，认为此一事件，并非中华大学一校之问题，其流风所及，将对整个湖北教育界产生极其不良之影响，希望新闻界详查事件之原委，辨明真相是非，进而伸张正义。词毕，继由该校校长王震寰起立报告事件发生之前因后果，复由该校文学院院长骆介子就教授之立场报告对此次事件之感想。随后，政府明令将中华大学附中解散。

1947 年

黎培理主教在花园山天主堂举行宗教仪式

黎培理(1887—1967)，意大利人，生于摩洛哥。1946 年 7 月 6 日，梵蒂冈委任黎培理主教至南京，为首任驻华公使。1947 年，黎培理在上海建立天主教情报中心。

随后黎培理到各地视察，3 月 26 日，一行人由长沙乘车来武汉视

黎培理与中国教会人士

察教会本身业务，武汉天主教方面和武汉行营王参谋长、外事处姚处长及武昌市长杨锦昱等均派有代表，与善导、文学、开明、博文等教会学校学生至大东门车站欢迎。公使随员秘书陈哲敏及武昌本堂白神父、蒲圻萧主教偕行。下午5时许黎培理抵达后，笑容满面地与欢迎者一一握手致意。黎培理乘车抵达武昌花园山天主堂，举行宗教仪式，为中国教友及全国民众祈祷。后由郭时敏、马司铎陪送，乘省府特备专轮过汉口。

英国议会访华团考察华中大学

1947年，香港地区发生了港英当局驱赶中国居民的九龙城寨事件，侵犯了中国主权、管辖权。港英当局强拆九龙城寨居民房屋，并开枪击伤中国居民，激起广东各界愤慨，中英关系紧张。10月9日，英国议会组织代表团访问中国，与国民政府领导人就战后中英关系、香港问题等进行了讨论，并赴中国台湾参观。10月28日，英国议会访华团自台湾飞抵汉口。次日，应韦卓民校长的邀请，部分访华团成员来到武昌华中大学，向师生演讲。

据当时《武汉日报》报道，1947年10月29日，以亚蒙爵士为团长的英议会访华团开始在汉活动。访华团一行先后拜谒了武汉行营主任程潜（程因事未到，由孙副主任代表接见）、省政府主席万耀煌、省参议会议长何成濬（何议长因病，由刁副议长代表接见）及武昌市长杨锦昱。中午赴省府出席万耀煌欢迎宴会。下午一时由团长亚蒙爵士及阿穆里爵士分别率领，分两组出发参观。亚氏一行首先赴华中大学，阿氏等则在武汉大学。在两校师生的热烈欢迎下，亚氏及阿氏分别在华中大学、武汉大学就中英友谊发表了简短演说。亚氏等离开华中大学后，即赴湖北省立农学院参观该校标本室及广大之农场，并由该院管院长及邓克奠教授详加说明。当邓氏告以该农场所畜之70余头母牛，由一巨大之公牛配种时，亚蒙爵士笑谓："这公牛找到了一个好差事。"三时半赴第一纱厂参观，至四时半始先后过江返德明饭店休息。因受时间限制，原定下午九时回拜徐会长、张议长之节目，经征得同意后删去，晚间由旅汉英侨在英领事馆鸡尾酒会招待。当天于省、市首长回拜后，该团将于上午十时假德明饭店招待记者，下午二时乘机去重庆。

团员林赛曾访汉市商会理事长贺衡夫，就汉市商业情况及运输问题有所询问。

11月6日，访华团离开广州回国。

周小燕在华中大学举办演唱会

1947年，华中大学由云南喜洲回迁到武昌，百废待兴。校长韦卓民汲汲于提高学校文化水准，拟延聘大家名流演讲、讲学。11月13日，被誉为"中国之莺"的女歌唱家周小燕回到家乡，华中大学音乐系邀请她来华中大学举办独唱音乐会。

1947年11月14日的《武汉日报》报道了这场音乐会："誉满归来之周小燕歌唱家，昨应华中大学音乐系之请，假该校大礼堂举行独唱会。晚7时许开始，听者甚众，多为三镇教界人士及学生。周女士共唱中外名歌十余支，内以《早行乐》及《踏雪寻梅》两首最受听众欢迎，呼声雷动，赞美叫好不绝。周女士此次为返汉第二次演出，据语记者称：赴欧九年，无时不怀念乡土，留汉将再作二星期之逗留，即赴京

周小燕像

沪演唱，后仍拟重赴欧洲。因周女士留欧时尚未及访问瑞典、丹麦、挪威三国，一俟访问完毕，并拟去美一行。听者莫不因周女士留汉时间短促，皆有惜别之意，然以‘中国黄莺’周女士能再度远播玉声，诚亦令人称庆。”

周小燕的父亲周苍柏是武汉著名的实业家，早年就读于文华中学，是华中大学的校友。周小燕受父亲影响，从小对音乐有浓厚兴趣，早年被送入武汉的教会学校读书，1935 年考入上海国立音乐专科学校（今上海音乐学院）。全面抗战爆发前夕，上海筹拍电影《万里关山》，由周小燕演唱主题曲《长城谣》，由于抗战爆发，电影没能拍成，但这首由周小燕原唱的抗日歌曲《长城谣》却传遍了中国。1938 年，周小燕留学法国。1945 年起，她先后在法国、英国等西欧诸国举办独唱音乐会，其中不乏中国音乐作品，获得了巨大成功，伦敦报纸上曾以“the song of little swallow”来赞誉周小燕。1947 年回国，任教于母校，同时在南京、上海、苏州、杭州、武汉等地的剧场、电台演唱。中华人民共和国成立后，历任上海音乐学院声乐系教授、系主任、副院长，担任中国音乐家协会副主席。2016年，花腔女高音歌唱家、声乐教育家周小燕去世。

战后昙华林一批街道更名

据1947年5月5日和6日的《大刚报》报道，武昌省会警察局以抗战期间各街道房屋多数拆毁，致街道名称混乱不清，对于户政工作尤为影响，特将原有街道更换新名，属于昙华林地区的街道更名如下：

原正卫街、游家巷、昙华林，更为昙华林。原蛤粉湾、文家厂，更为福利村。原三义殿，更为三义村。原崇福山、上崇福山巷，更为崇福山巷。原陀泥湾、兴隆，更为兴隆巷。原崇福山街、老马号，更为崇福山街。原东高庭巷，更为高家巷。原神州巷，更为神州庵巷。原宜凤巷、孝子巷，更为宜孝巷。原花园山、杨家塘，更为花园山。原履坦巷、啸楼巷，更为履坦巷。原水口、关帝庙、吃水井、牙厘局，更为荆南街。原棋盘街、东门坡、土司营，更为棋盘街。原粮道街、巡道岭、催生巷、马道巷、赋秀里、大吉祥巷、小吉祥巷，更为粮道街。原道学院、乘骑庙、门富巷，更为学道新村。原忠孝门、善慧寺、永丰巷，更为忠孝门。原胭脂巷、西马圈胭脂山上、三道街，更为三道街。原青龙巷、府街，更为青龙巷。原得胜桥、武胜门，更为得胜桥。原贡院街、贡院新街，更为楚材街。

1948 年

瑞典领事馆由汉口迁至昙华林

曾经作为瑞典驻汉领事馆的瑞典教区牧师楼

瑞典领事馆于光绪三十二年（1906）开馆，1938 年关闭。夏定川（J.S.Strom）身为瑞典行道会主任牧师，不仅主管本会的会务，还代理本国驻武汉的领事，兼代理欧美各国在武汉与日本侵略军之间的有关外交事务。其间，夏定川曾利用瑞典中立国地位，在昙华林地区彩绘巨幅瑞典国旗，避免日机轰炸，保护了当地部分居民。1948 年，瑞典领事馆恢复，馆址由原来的汉口特三区黎黄陂路迁至武昌昙华林 34 号天主教瑞典教区。1948 年时领事为韩卫生（A.J.Hanson），牧师夏定川 1949 年曾为名誉领事。1950 年，领事馆关闭。

国民党军队在昙华林地区建立防御阵地

中国人民解放军取得辽沈、淮海、平津三大战役的胜利后，以积极的姿态准备渡江南进。为阻止解放军进攻武汉，负隅顽抗的国民党驻守武汉的部队，包括华中“剿总”、武汉警备司令部等，加紧了对市民的管控，加强了武汉外围工事和城区主阵地的修筑。国民党武汉城防工事委员会设计组编制了阵地图，各部队按图在各地构筑野战工事排阵地。根据1948年12月编制的《武汉城防主阵地（含核心）暨各独立守备队野战工事构筑地点与阵地个数一览表》，可知在“武昌工区”凤凰山、花园山附近存放了各种材料，并构筑了6个核心暨主阵地。其他地方如紫金山蛇山尾附近、大观山黄鹤楼附近、中正桥附近、楚望台附近、长春观田家园附近、大洪山马鞍山附近、大洪山钵盂山附近等共构筑了62个排阵地。“汉口工区”构筑了88个排阵地，“汉阳工区”构筑了70个排阵地。然而，1949年4—5月，在解放军强大的攻势下，驻汉国民党军队以“转进”的名义撤退，武汉成为不设防城市，所构筑的这些工事并未派上用场。5月16日，解放军顺利进入城区，大武汉重见天日，人民获得解放，昙华林地区也开始了它“后半生”的历史。

1949 年

武汉大学进步学生遭逮捕

1949 年 1 月 14 日，国民党军统武汉站在武昌戈甲营 16 号查家骧家中，逮捕拟前往解放区的查家骧、金忠恒、杨振华等 6 名武汉大学学生，押至武汉警备区看守所审讯。次日，另一武大学生前往查家也被逮捕。在武汉大学和社会各界的强烈要求下，25 日，查家骧等 7 名反蒋反内战的学生被释放。查家骧是武汉大学进步学生，是《武大新闻》经理。《武大新闻》创办于武汉解放前夕，是中国共产党在武汉大学的喉舌，以武汉大学学生自治会的名义出版，每周一期。该报新闻不少来自新华社的广播，在揭露国民党统治方面起到了很大作用。

李书城、李伯刚等发表演讲

1949 年 2 月 20 日，湖北人民和平促进会李书城、李伯刚一行访问解放区后回汉，相继在省参议会和部分高校宣讲中原解放区见闻，接受报刊、广播采访，介绍解放区情况。

1949 年 1 月 16 日，湖北人民和平促进会举行成立大会，推举熊秉坤、艾毓英等 17 人组成主席团，李书城被推为总主席主持大会。会议

李书城像

通过了《湖北人民和平促进会宣言》《湖北人民和平促进会简章》，并选举了39名干事组成干事会，负责领导和平运动一切事宜。18日，湖北人民和平促进会干事会举行第一次会议，按照会章，选举李书城、张难先等13人为常务干事，决定以湖北人民和平促进会名义分别致电国民党政府和中国共产党，促请国共迅速实现和平，并请李书城、艾毓英、耿伯钊三位常务干事代表湖北人民和平促进会前往华中"剿匪"总司令部，当面促请白崇禧率先在华中地区，尤其是湖北武汉地区，实行停战，停止征兵、征粮和城市设防等活动。

李书城一行经信阳、驻马店、遂平进入解放区，受到了热情接待。后经解放区派陪同人员沿途护送，由漯河经郾城、临颍、许昌、郑州，于2月中旬抵达归德（今商丘），受到中原军区司令员刘伯承、第一副司令员陈毅的接见。刘伯承、陈毅向李书城等询问了白崇禧在武汉的情形以及湖北人民和平促进会的工作经过，对李书城等为人民和平愿望远道北上表示欢迎。刘伯承、陈毅要求李书城等返回武汉后，联合本地爱国人士，力图在战争期间设法保护人民生命财产，防止敌人破坏。李书城、李伯刚在解放区历经一月，回武汉后，便赴省参议会等处演讲，其演讲之地就包括位于昙华林的中华大学、华中大学。在演讲时，他们介绍了中原的形势、土地改革与妇女状况等，积极地正面地宣传了中国共产党。

1949 年 5 月 16 日，武汉解放，昙华林获得新生。

/附　录/
Appendices

重游昙花林小记

刘　溱

昙花林者，鄂城祇园之别构也。嘉、道间先王父肄业于此。岁庚戌，溱乃侍王父往游其间。至则雾市绝尘，烟岚枕郭，鸟声破午，云静天高，花香压衣，石细路古。去寺半里许，微闻斋鱼发响，铜乌啸风，经声出幢，松阴匝地，早已尘氛顿释，道味默生矣。既入寺，住持饷以苦茗，清泉甘洌，素磁若空。禅房邃深，幽径一碧。层檐接雉梯而上者十寻，屈道盘蚝磴而休者百折。茶话良久，先王父乃起座示溱：某为昔年执爨之地，某为读书之场，某为二三同人栖息燕游之所，溱心一一志之，弗敢忘。越五年，粤匪窜楚，楚中诸选佛胜地，咸蹂躏无一存者。乱定，溱每欲重寻故迹，辄以饥寒奔走，役役未遑。又十年，儿子辈以试事来鄂，乃得于暇日一续旧游。至则疏林甫秋，丛棘满眼，山容浴墨，石骨浣苔。荒池已淤，但有蛙黾；斗棋半黑，时逃鼬鼯。打门久之，有白头老僧出而应客，扶鸠降阶，残虱满衲，颠毛拥霜，涕洟被面。问寺中主僧，则曰示灭久矣；问诸小沙弥，则曰或发而俗，或钵而逃矣；问曩时花木竹石，则曰摧作薪柴，移为柱础矣。余叹惋骇愕，木立移时。嗟乎，人非金石，何物长年？世有沧桑，谁逃累劫。兹以觉王之力，方外之踪，似宜白马恒存，红羊稳历，而乃一笏之地，涌现优昙，百年之间，鞠为茂草。俯仰今昔，曾几何时，而一切琳宫绀宇，锡杖金绳，业已电扫风驰，化作蜃楼鬼市矣。而况先王父之旧迹鸿泥，残年鹤化，隐痛又当何如也。斜日西匿，北风怒号，悲从中来，不知纪极，遂援笔哽涕而为之记。

（录自《湖北文征》第十一卷）

昙 花 林

郭沫若

昙花林在武昌城内的西北隅，在文华大学的对面。地方很宽大，房屋很多，但建筑都很旧，涂上的红油漆都已经快泛黑了。照名称看来，在前大约是什么佛教的建筑吧？这一段古我却没有功夫考过。政治部刚成立的时候，这儿曾做过本部。要经过一条很窄而长的背街才能到达，那条背街只能够勉强通过一部小汽车。大员们嫌交通不便，不久便乔迁了。于是这样大的一个地盘便留给了我们。场面真够大，大到尽可以在里面办一座综合大学。

地方尽管大，但三厅的人后来有一个时期却把它挤满了。

各处、各科和秘书室，在编制中正式的名额就有三百多人。加上附属团队：孩子剧团，抗战宣传队四队，抗敌演剧队十队，漫画宣传队一队，还有各科处的雇员、公役、卫士等等，合共总在两千人左右。此外制片厂的几百人和电影放映队五队驻在汉口的杨森花园，还没有计算在内。

空地很多，周围的树木也很多。附属团队在受着短期训练时，空地有时成为操场，有时成为戏场，差不多整天都有弦歌之声在浩荡地激扬着。我们的门禁并不森严，外来群众是可以随意出入的。不知道的人或许会以为是游戏场了。

但这个僻静的地方，不久便成了敌人轰炸的目标。当敌机空袭的时候，往往在周围投弹，也引起过不少的牺牲。

对面的文华大学是教会学校。因为隔得太近，怕遭殃，便在每一座房顶上画出一面大花旗，作为保护。当时日寇的空袭并不厉害，一切防空设备都有点近于儿戏。昙花林里面，政治部本部也为我们留下了一些防空室，是在空地中像坟墓那样用红砖砌成的。那只可避免一些破片的波及而已。

因此每到有空袭的时候，很多人不肯进防空室，随意在树下或者房屋里躲避一下了事。但也有极少数的人跑文华大学的，胆大者便讥刺为“跑租界”。

不幸的是有一位“跑租界”的却遭了殃。有一次文华大学的一座大教室当头中弹，好些人被炸死，其中有我们一位接近国民党的高级科员。

还有一次，是附近城外的一株柳树中弹。树下正躲避着几位公务人员，全被炸死。我曾经去看过。有两位的脑髓震飞了，只剩下个空壳。那个炸弹的目标当然也就是昙花林了。

这些人的生命真是有点类似“昙花”，但昙花林本身却是命长，敌弹一次也没有命中过。

（录自郭沫若《洪波曲——抗日战争回忆录》）

“昙华林”考

严昌洪

昙华林街区是武昌千年古城的根脉之一，也是武汉近代历史的缩影，近年来武汉市武昌区大力打造这条街区。然而，关于“昙华林”这一名称的由来长期没有弄清楚。

昙华林作为地名见诸文字记载始于清代，但清代历时二百六十余年，最早出现在哪个时期，很难确定，具体年份更不可考。杨朝伟主编的《昙华林历史文化街区》指出：在光绪九年（1883）绘制的《湖北省城内外街道总图》(见《武昌区志》彩色图版)中就出现了“昙华林”地名。其实，现有资料表明，比这更早的同治八年(1869)编纂的《江夏县志》已经提到昙华林。该志两次记叙丰备仓时均指明该仓在昙华林：“丰备仓在县城北昙华林，道光十九年总督林则徐建。”(《江夏县志》卷二《疆土志・仓廒》)“丰备仓在昙华林，储积谷备赈。道光十九年总督林则徐建。谷被贼掠无存。”(《江夏县志》卷三《赋役志・仓储》)林则徐建丰备仓的时候这里是不是叫昙华林，值得考证。

昙华林地名到底由何而来，常常有三种说法。

一是传说此处人家花园内多植昙花，聚而成林，因为“花”与“华”在古代通用，人们就将街名称为“昙华林”了。笔者同意《昙华林历史文化街区》书中所说，这“是附会而来”。第一，这里古代居民多种昙花，只是一种倒果为因的揣测，没有事实作依据。第二，有的书上在介绍这一说法时，还将居民所种昙花注明为“优昙花”，其实一般民间种的昙花与优昙花是两回事。前者为仙人掌科的昙花，英文名 night-blooming cereus，原产墨西哥。灌木状，主茎呈圆筒形，木质；分枝呈扁平叶状。幼枝有刺毛状刺，老枝无刺。夏秋季晚间开大型白色花，花漏斗状，有芳香，几个小时即凋谢。而优昙花，是梵语 Udumbara（优昙钵罗花）的译名，产于喜马拉雅山麓及德干高原、锡兰等处。干高丈余，叶有二种：一平滑，一粗糙，皆长四五寸，端尖，雌雄异花，甚细，隐于壶状凹陷之花托中。常误以为隐花植物。古时的武昌民间是很难栽种许多这种树并使其聚而成林的。

如果说上面说法有些“望文生义”的话，那么第二种说法则是“听音生义”了。传说此街内住着很多种花人家，一坛一花，坛坛花花，蔚然成林，故名。这是从“昙”字读音附会出“坛”花。这种说法也并非空穴来风，昙华林一带，清代确有许多种花人家，甚至有不少卖花的花铺。《湖北诗征传略》介绍了一位布衣诗人秦文朴，说他家住江夏城东北隅，不求闻达而隐于诗，该书辑录者曾“访其故居，子孙以种花为业，环堵萧然，庭户整洁，犹可想见隐君子之余风”。（丁宿章辑《湖北诗征传略》卷二）另有竹枝词云：“白云深处近仙乡，四季长留百卉香。明是花林偏号局，园工风趣学官场。”【原注：白云深处道家别院，花铺招牌均称“花局”。】（棣华馆生《鄂垣竹枝词》之八，原载光绪六年十月二十七日《申报》）“白云深处”是花园山麓的一所道院，花铺（花局）当然也在昙华林那一带了。可见当地种花之坛确实不少，但这毕竟不能说明昙华林的来历。

第三种说法认为昙华林是从佛语衍化而来。郭沫若 1938 年担任国民政府军事委员会政治部第三厅厅长的时候，在昙华林住过一段时间。他在《洪波曲——抗日战争回忆录·昙花林》中回忆昙华林说：“昙花林在武昌城内的西北隅（引者按：应为东北隅。郭沫若作为外地人，初来乍到，把昙华林的方位弄错并不奇怪），在文华大学的对面。地方很宽大，房屋很多，但建筑都很旧，涂上的红油漆都已经快泛黑了。照名称看来，在前大约是什么佛教的建筑吧？这一段古我却没有功夫考过。”郭沫若到底是知识渊博的大学者，仅从“昙花林”名称就联想到与佛教有关。

循着他的思路，我们可以在佛经里找到许多与昙华林相关的内容。前面已经述及，优昙钵罗花常被误以为无花植物，由此而产生各种传说。据《慧琳音义》卷八记载，此花为祥瑞灵异之所感，乃天花，为世间所无，若如来下生、金轮王出现世间，以大福德力故，感得此花出现。《法华文句》卷四（上）曰：“优昙花者，此言灵瑞。三千年一现，现则金轮王出。”《妙法莲华经·方便品》曰：“譬如优昙华一切皆爱乐，天人所希有，时时乃一出。”同品曰：“如是妙法，诸佛如来，时乃说之，如优昙钵华，时一现耳。”《妙法莲华经·化城喻品》曰：“昔所未曾睹，无量智慧者，如优昙钵罗。”《妙法莲华经·妙庄严王品》曰：“佛难得值，如优昙钵罗华。”佛经里还真有“昙华林”，《优昙婆逻经》称：“王舍城有一居士曰实瑟居士。诣优昙婆罗林之异学园。告异学以我一论灭瞿昙，如弄空瓶。世尊闻之，至其园说种种之法，使彼屈服。”其中的“优昙婆罗林”翻译过来就是“昙华林”。“林”应该是“丛林”的简称。所谓丛林，比喻众僧聚居一处，有如木相依为林；凡有佛寺的地方，必有郁郁葱葱的林木相回护，形成一片特殊的丛林。郭沫若在文中说那里有许多红漆房屋，“昙花林”这一名称可能与佛教有关。这样看来，“昙华林”应该是一座红色的佛教建筑。

根据终于有了。最近笔者查阅《湖北文征》，在第十一卷找到黄冈人刘溱的《重游昙花林小记》一文。文章开宗明义指出：“昙花林者，鄂城祇园之别构也。”“鄂城”就是武昌，古代武昌曾称“鄂州”。“祇园”是“祇树给孤独园”的简称，梵文的意译。它是印度佛教圣地之一。相传释迦牟尼成道后，憍萨罗国的“给孤独长者”用大量黄金购置舍卫城南祇陀太子园地，建筑精舍，请释迦说法。祇陀太子也奉献了园内的树木，故以二人名字命名。玄奘去印度时，祇园已毁。“祇园”后来成为佛寺的代称。“祇园之别构”，就是指佛寺的一种建筑无疑。作者刘溱的祖父于清朝嘉、道年间曾在此寺院中读书。道光三十年（1850），即文中所说“岁庚戌”，刘溱陪同乃祖前往昙花林游览。到了那里，只见“雾市绝尘，烟岚枕郭，鸟声破午，云静天高，花香压衣，石细路古”，风景绝佳。离寺庙半里地就“微闻斋鱼发响，铜乌啸风，经声出幢，松阴匝地”，只觉得“尘氛顿释，道味默生”。进去以后，住持僧献茶招待。寺内环境幽静，建筑宏伟：“清泉甘洌，素磁若空，禅房邃深，幽径一碧，层檐接雉梯而上者十寻，屈道盘蚝磴而休者百折”。祖父将自己当年在寺内肄业时做饭、读书以及与友人栖息燕游的地方，一一指给刘溱看，刘溱亦一一记在心里。关于在昙华林寺庙里读书，在江夏人张杲《昙花遗稿》（咸丰四年刻本）中，也有记载，作者在赠给其兄的诗中回忆了与兄长在昙华林读书的事：“昔我襁褓中，见兄索梨枣。七载就外傅，从兄亦云好。三年小范家，五月昙华林。形影共晨夕，此景长在心。”可见在昙华林寺庙里读书是当时人常有的事。

五年以后，即咸丰四年（1854），太平军第二次攻占武昌城时，佛教圣地被毁坏无遗，昙花林寺院也未幸免于难。又过了十年，即同治三年（1864），刘溱带领前来武昌参加科举考试的儿子再次游览昙花林。此时所见与十五年前形成鲜明对照，物非人也非。到了那里，只见“疏林甫秋，丛棘满眼，山容浴墨，石骨涴苔。荒池已淤，但有蛙黾；斗棋半黑，时逃鼬鼯”。敲门良久，才有一位老态龙钟、满身龌龊的白头老僧出而应客。向其打听寺中人事，则回答说主僧早已圆寂，小沙弥或还俗，或出走。问及昔日花木竹石，则回答说有的毁了做柴烧，有的移作柱础。刘溱呆立许久，感叹不已，以为昙花林是以觉王（如来佛）之力，外方之踪，天下太平，才在这狭小的地方，涌现优昙花。岂知百年之间，竟荒芜衰败如此。曾几何时，一切化作蜃楼鬼市。真乃是“人非金石，何物长年？世有沧桑，谁逃累劫”，他不觉悲从中来，遂援笔含泪写了这篇小记，为我们留下追寻昙华林历史的宝贵线索。附带介绍作者刘溱，字芙裳，黄冈人。同治壬戌（1862）举人，官武昌府教授。有《小隐山房骈体文钞》《小隐山房诗余剩稿》等。

从这篇文章可知，昙华林（又作昙花林）原来是一座历史古老、建筑宏大、环境幽静的佛教寺院，至少在清朝嘉庆、道光之交已经存在了几十年，到道光末年达到鼎盛。后来被太平军毁坏，寺院破败，几成废墟，以致光绪九年（1883）《湖北省城内外街道总图》的绘制者，竟忽略了，只画个小小的建筑图标来表示“昙华林”，而其他很多庙宇、道观均有图标表示。残存的建筑应该在20世纪30年代尚在，那就是郭沫若看见的地方很宽大、房屋很多、红油漆都已经快泛黑了的那些很旧的建筑。郭沫若说日本飞机轰炸炸死了很多人，使他们的生命像昙花一现，但“昙花林本身却是命长，敌弹一次也没有命中过”。这些建筑未被日机炸毁，后来为什么会消失，原因待考。

昙华林作为寺院为什么不叫某某寺？其实佛教中常有将寺庙称作某林的，通名有梵林、蘘林、鹤林、禅林、少林、檀林等。祇树林、祇林指代祇园，而祇园亦是佛寺的代称。专名则有“祇陀林”（位于江苏省扬州市引市街）、“白云禅林”和“通慧禅林”（均位于安徽省池州市九华山风景区）、“大士禅林”（位于江苏省泰州市兴化市沙沟镇）等，所以以昙花林做寺院的名称应该是可以成立的。至于该寺没有像昆明的昙华寺、福州华林寺、广州华林寺那样叫“昙华寺”“华林寺”或“昙华林寺”，恐怕就是其独特之处吧，所以刘溱称其为“祇园之别构”，“别构”者，可以理解为另一样的创构。

昙华林就是因寺院的名称而成为地名的，所以同治《江夏县志》提及丰备仓、龙王闸（位于武昌城东北城墙下）均在昙华林，而不是说在昙华林附近，可见昙华林在当时已经是地名，一直沿用至今。

至于“昙花林”与“昙华林”的关系，因为古时“花”与“华”可以通用，在从前的有关文献中两个词交替出现，并没有哪个在先、哪个在后的“演变”过程，似不必深究。

（原载《武汉文博》2014 年第 1 期；2013 年 11 月 28 日《光明日报》曾以《“昙华林”小考》为题发表，略有删节）